プリント形式のリアル過去問で本番の臨場感！

広島県
市立

福山中学校

2025年春受験用

解答集

本書は，実物をなるべくそのままに，プリント形式で年度ごとに収録しています。
問題用紙を教科別に分けて使うことができるので，本番さながらの演習ができます。

■ 収録内容

・解答集（この冊子です）

書籍ＩＤ番号，この問題集の使い方，最新年度実物データ，リアル過去問の活用，
解答例と解説，ご使用にあたってのお願い・ご注意，お問い合わせ

・2024（令和６）年度 ～ 2019（平成31）年度　学力検査問題

〇は収録あり

	年度	'24	'23	'22	'21	'20	'19
■ 問題（適性検査）		〇	〇	〇	〇	〇	〇
■ 解答用紙		〇	〇	〇	〇	〇	〇
■ 配点							

全分野に解説
があります

注）問題文等非掲載：2023年度の検査2，2022年度の検査2，2020年度
の検査2，2019年度の検査2

問題文の非掲載につきまして

著作権上の都合により，本書に収録している過去入試問題の本文の一部を掲載しておりません。ご不便をおかけし，誠に申し訳ございません。

教英出版

■ 書籍ＩＤ番号

入試に役立つダウンロード付録や学校情報などを随時更新して掲載しています。
教英出版ウェブサイトの「ご購入者様のページ」画面で，書籍ＩＤ番号を入力してご利用ください。

書籍ＩＤ番号　107232

（有効期限：2025年9月30日まで）

【入試に役立つダウンロード付録】
「要点のまとめ（国語／算数）」
「課題作文演習」ほか

■ この問題集の使い方

年度ごとにプリント形式で収録しています。針を外して教科ごとに分けて使用します。①片側，②中央のどちらかでとじてありますので，下図を参考に，問題用紙と解答用紙に分けて準備をしましょう（解答用紙がない場合もあります）。

針を外すときは，けがをしないように十分注意してください。また，針を外すと紛失しやすくなりますので気をつけましょう。

① 片側でとじてあるもの

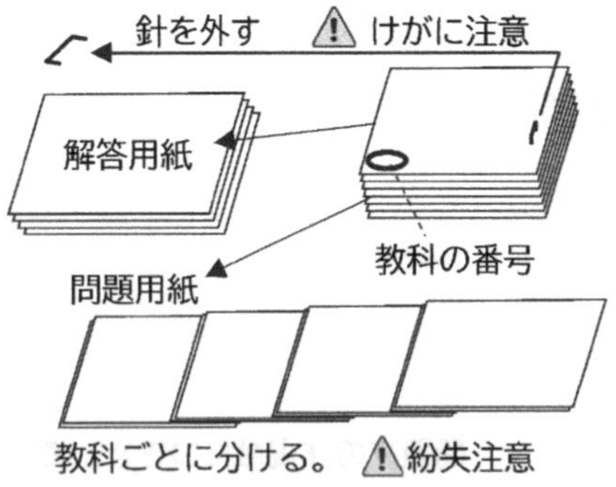

② 中央でとじてあるもの

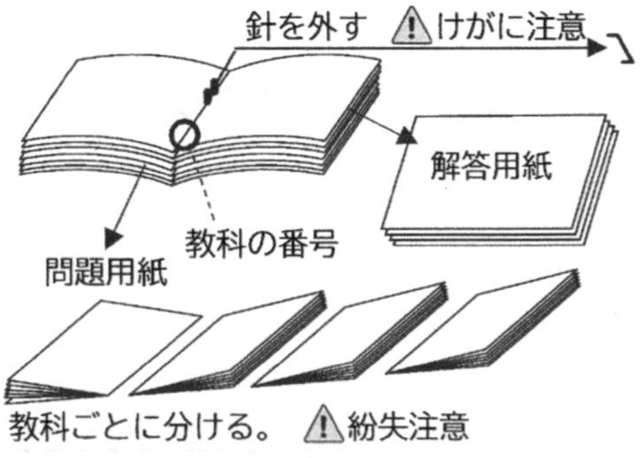

※教科数が上図と異なる場合があります。
解答用紙がない場合や，問題と一体になっている場合があります。
教科の番号は，教科ごとに分けるときの参考にしてください。

■ 最新年度 実物データ

実物をなるべくそのままに編集していますが，収録の都合上，実際の試験問題とは異なる場合があります。実物のサイズ，様式は右表で確認してください。

問題用紙	Ａ４冊子（二つ折り）
解答用紙	Ｂ４片面プリント

リアル過去問の活用

～リアル過去問なら入試本番で力を発揮することができる～

本番を体験しよう！

問題用紙の形式（縦向き／横向き），問題の配置や余白など，実物に近い紙面構成なので本番の臨場感が味わえます。まずはパラパラとめくって眺めてみてください。「これが志望校の入試問題なんだ！」と思えば入試に向けて気持ちが高まることでしょう。

入試を知ろう！

同じ教科の過去数年分の問題紙面を並べて，見比べてみましょう。

① 問題の量

毎年同じ大問数か，年によって違うのか，また全体の問題量はどのくらいか知っておきましょう。どのくらいのスピードで解けば時間内に終わるのか，大問ひとつにかけられる時間を計算してみましょう。

② 出題分野

よく出題されている分野とそうでない分野を見つけましょう。同じような問題が過去にも出題されていることに気がつくはずです。

③ 出題順序

得意な分野が毎年同じ大問番号で出題されていると分かれば，本番で取りこぼさないように先回りして解答することができるでしょう。

④ 解答方法

記述式か選択式か（マークシートか），見ておきましょう。記述式なら，単位まで書く必要があるかどうか，文字数はどのくらいかなど，細かいところまでチェックしておきましょう。計算過程を書く必要があるかどうかも重要です。

⑤ 問題の難易度

必ず正解したい基本問題，条件や指示の読み間違いといったケアレスミスに気をつけたい問題，後回しにしたほうがいい問題などをチェックしておきましょう。

問題を解こう！

志望校の入試傾向をつかんだら，問題を何度も解いていきましょう。ほかにも問題文の独特な言いまわしや，その学校独自の答え方を発見できることもあるでしょう。オリンピックや環境問題など，話題になった出来事を毎年出題する学校だと分かれば，日頃のニュースの見かたも変わってきます。

こうして志望校の入試傾向を知り対策を立てることこそが，過去問を解く最大の理由なのです。

実力を知ろう！

過去問を解くにあたって，得点はそれほど重要ではありません。大切なのは，志望校の過去問演習を通して，苦手な教科，苦手な分野を知ることです。苦手な教科，分野が分かったら，教科書や参考書に戻って重点的に学習する時間をつくりましょう。今の自分の実力を知れば，入試本番までの勉強の道すじが見えてきます。

試験に慣れよう！

入試では時間配分も重要です。本番で時間が足りなくなってあわてないように，リアル過去問で実戦演習をして，時間配分や出題パターンに慣れておきましょう。教科ごとに気持ちを切り替える練習もしておきましょう。

心を整えよう！

入試は誰でも緊張するものです。入試前日になったら，演習をやり尽くしたリアル過去問の表紙を眺めてみましょう。問題の内容を見る必要はもうありません。どんな形式だったかな？受験番号や氏名はどこに書くのかな？…ほんの少し見ておくだけでも，志望校の入試に向けて心の準備が整うことでしょう。

そして入試本番では，見慣れた問題紙面が緊張した心を落ち着かせてくれるはずです。

※まれに入試形式を変更する学校もありますが，条件はほかの受験生も同じです。心を整えてあせらずに問題に取りかかりましょう。

福山市立福山中学校　2024 令和6年度　検査1

《解答例》

問題1　設定した空の貯金箱の重さ…200　50円硬貨の枚数…13　100円硬貨の枚数…35　合計金額…4150

理由…3500円分がすべて100円玉だったとすると，3500÷100＝35(枚)である。100円玉35枚分の重さは，4.8×35＝168(g)だから，硬貨は168g以上あることがわかる。お金が入っている貯金箱の重さは420gなので，貯金箱の重さは420－168＝252(g)以下である。例えば，貯金箱の重さを200gと設定すると，硬貨の重さはさらに252－200＝52(g)重いことになり，例えば52gがすべて50円硬貨だったとき，50円硬貨の枚数は52÷4＝13(枚)となる。この場合，設定した空の貯金箱の重さは200g，50円硬貨の枚数は13枚，100円硬貨の枚数は35枚，合計金額は100×35＋50×13＝4150(円)である。

問題2　条件…紙コップ・細いタコ糸・2m／プラスチックコップ・太いタコ糸・2m／紙コップ・太い針金・4m／紙コップ・細い針金・2m／紙コップ・細い針金・4m　のうち1つ

理由…空気のふるえの大きさの平均が，実験1で作った糸電話の空気のふるえの大きさの平均の約6.5の2倍以上の約13以上であり，実験1の3つの条件のうち，2つの条件が異なるから。

問題3　図…右図　理由…今使っている箱の体積は，45×30×25＝33750(㎤)で，この体積よりも大きい箱を作るということである。底面が正方形の方が作りやすいので，工作用紙を縦に切って2等分し，1辺が40㎝の正方形を底面とする。残った部分で，たての長さが30㎝，横の長さが40㎝の長方形を4枚切り取ると，余りなく切り取ることができる。このとき，でき上がる箱の体積は，40×40×30＝48000(㎤)となり，今使っている箱よりも大きい。

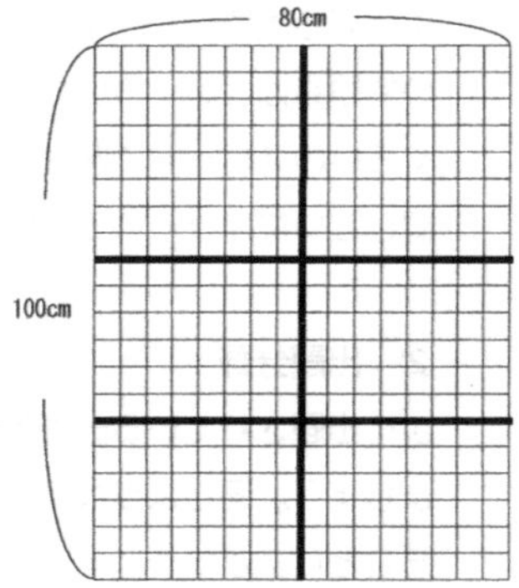

問題4　選んだ資料…5　資料からわかること…日本では，1年間の衣料品の購入枚数が手放す枚数より多いため，衣料品の保有枚数は増えていて，そのうち着用しない枚数も多いこと。

関連づけてわかること…世界には安全に管理された水を利用できない人々が5億人以上いる。Tシャツ1枚を作るには，ミルク，卵，パンなどの食料品や紙などを生産するよりはるかに大量の水を必要とするが，日本では購入しても着用しなかったり，手放したりする衣料品が多く存在するので，私たちが衣料品をむだにしなければ，安全に管理された水を利用できる人が増える可能性があることがわかる。

問題5　D→H→I→J→F→B→F→J→G／D→E→B→F→J→G

《解　説》

問題1

空の貯金箱の重さを何gにするか迷うところだが，3500円分がすべて100円玉とした場合から，$420-4.8\times\frac{3500}{100}=252$(g)以下，3500円分がすべて50円玉とした場合から，$420-4\times\frac{3500}{50}=140$(g)以上とわかる。この範囲《はんい》で計算がしやすい数値に設定すればよい。

問題３

最初に横に切って２等分すれば右図のような切り方もできる。

この場合，箱の体積は，50×50×15＝37500(㎤)となる。

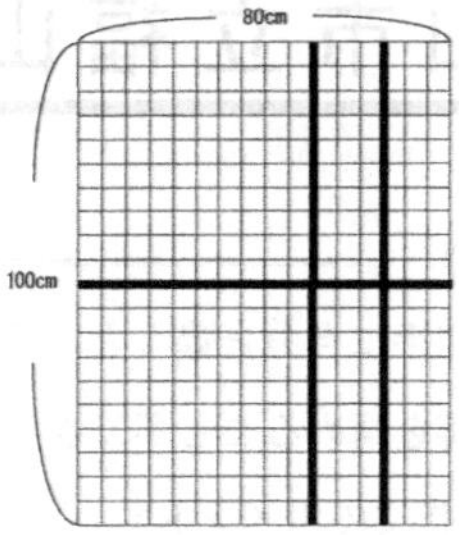

問題４

世界人口を約 80 億人とすると，資料１から，安全に管理された水を利用できない人は，80×0.07＝5.6(億人)になることがわかる。資料２から，Ｔシャツ１枚を作るのに必要な水は，ミルク１杯を作るのに必要な水の量の約 13.5 倍，紙１枚を作るのに必要な水の量の約 270 倍であることがわかる。資料３からは「日本は衣料品のほとんどを海外からの輸入に依存していること。」など，資料４からは「日本で１年間に廃棄される衣料品の量は約 70 万トンもあること。」などがわかる。

問題５

荷物を持つとかかる時間が多くなるので，途《と》中《ちゅう》で荷物をおろすことを考えればよい。

Ｄの荷物を先にのせてからそれをＪでおろし，その後にＢの荷物をのせてからＪでおろし，Ｇの荷物をのせてからＪでおろす場合を考えると，Ａ→(１秒)→Ｄ(荷物をのせる)→(４秒)→Ｈ→(４秒)→Ｉ→(４秒)→Ｊ(荷物をおろす)→(１秒)→Ｆ→(１秒)→Ｂ(荷物をのせる)→(４秒)→Ｆ→(４秒)→Ｊ(荷物をおろす)→(１秒)→Ｇ(荷物をのせる)→(４秒)→Ｊとトラックを動かすと，28 秒ですべての荷物を倉庫に運ぶことができる(この場合，Ｂの荷物の前にＧの荷物を先に運んでも，合計で 28 秒となる)。

また，ＤとＢの荷物を先にのせてからそれをＪでおろし，その後にＧの荷物をのせてからＪでおろす場合を考えると，Ａ→(１秒)→Ｄ(荷物をのせる)→(４秒)→Ｅ→(４秒)→Ｂ(荷物をのせる)→(７秒)→Ｆ→(７秒)→Ｊ(荷物をおろす)→(１秒)→Ｇ(荷物をのせる)→(４秒)→Ｊとトラックを動かすと，28 秒ですべての荷物を運ぶことができる。

福山市立福山中学校　2024 令和6 年度　検査2

《解答例》

問題１　①相手に自分と違うところを見つけ、相手のわからないことから学び、違いをリスペクトし合うことで自己肯定感を高めることができる

②〈作文のポイント〉

・最初に自分の主張、立場を明確に決め、その内容に沿って書いていく。

・わかりやすい表現を心がける。自信のない表現や漢字は使わない。

さらにくわしい作文の書き方・作文例はこちら！→https://kyoei-syuppan.net/mobile/files/sakupo.html

問題２　問題１②の〈作文のポイント〉参照。

《解　説》

問題１

①　「本当のよい友人関係」がどのようなものなのかをまとめる。４行目に「よい友人は，何かしら自分と違《ちが》うところがあるひとだ，と思います」，６～７行目に「自分と違うところを，どう相手に見つけられるか。その違いを楽しめるか。そこがポイントなんです」とある。そして，11～12 行目で「『違い』は，知らない，わからない，の源泉です～これを人間同士の『学び』と呼ばないで，どうしよう」と述べているので，まず，自分との「違い」を相手に見つけ，相手の知らないこと，わからないことから学ぶという内容をまとめる。次に，13 行目に「『違い』はまた，『敬意』の源泉でもある」，18～22 行目に「『お互《たが》いに異なる何か』をもって，お互いをリスペクトしている」「相手が自分をリスペクトしてくれているに違いないと思うと～自己肯定感《じここうていかん》が高まります。同様に～相手の自己肯定感も高まっているに違いない」とあるので，互いの違いを「リスペクト」することによって，お互いの自己肯定感が高まるという内容をまとめる。

《解答例》

問題１　右図

問題２　右図

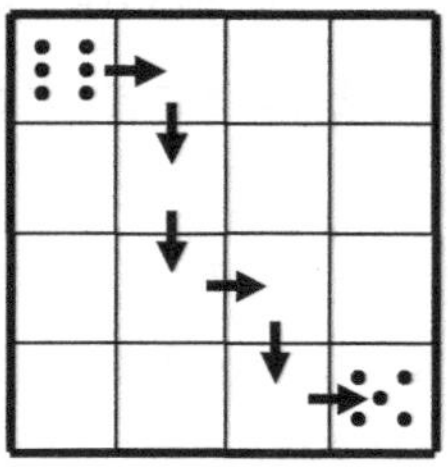

問題１の図

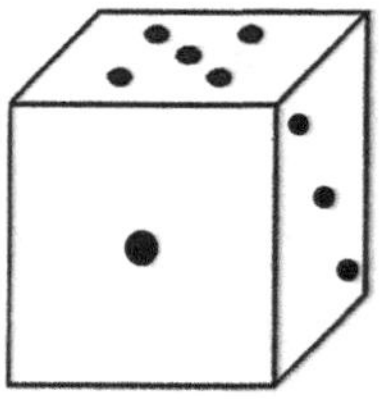

問題２の図

問題３　ろうそくが燃える時は二酸化炭素が発生するが，使いすてカイロが温かくなる時は二酸化炭素が発生しないから。

問題４　使われた酸素はどこへいったのかという疑問をもった。その疑問を解決するには，実験の前後で使いすてカイロの重さをはかり，実験後の方が重くなっていることを確かめればよい。

問題５

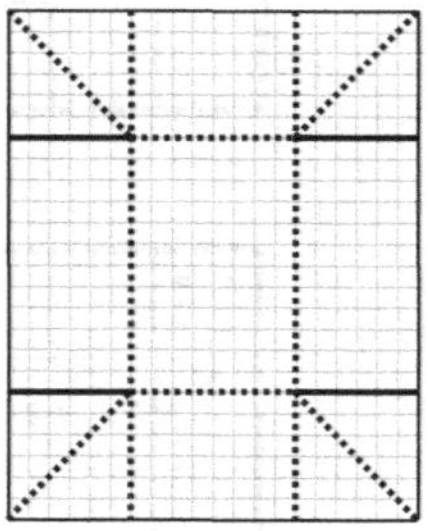

問題５の図

問題６　(例文)資料１・２より，広島県の木材は今でも多くの施設やもので使われていること，資料８より，森林は人々に必要とされており，木材の使用場面において，新たな可能性があると考えられることから，今後も需要が見こめる。資料７より，広島県で林業の仕事についている人の給料の支はらい方法において，月給の割合が増加していることから，林業がより安定し，企業的になっていること，資料６より，新しく林業につく人が一定数いることが読み取れ，より安定した生産を行うことができると考えられる。また，資料４・５より，日本の木材消費量・自給率ともに増加傾向にあると読み取れることからも，今後の広島県の木材の生産量は増加すると考えられる。

問題７　式と答え…$\frac{4}{2}+\frac{7}{12}=2\frac{7}{12}$

説明…残りのカードは，数字カードが[2]，[4]，[7]，[12]，演算カードが[+]，[−]である。答えの数は$\frac{18}{11}=1\frac{7}{11}$より大きく，４より小さい数となればよい。$1\frac{7}{11}$は１と２の間にある数だから，整数部分が２または３であれば２番目に大きい数だといえる。

《解　説》

問題１

以下の解説では，置いたサイコロの各面を図ｉのように表す。

図 i

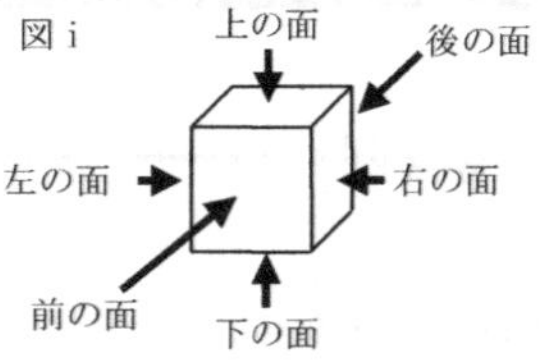

サイコロは合計で右と下に３回ずつの６回転がすことになる。下にサイコロを転がしたとき，右の面と左の面に書かれた数字は変わらないことに注目して考える。

マス目については図ⅱのように表す。例えば，スタート地点はＡ１，ゴール地点はＤ４となる。Ａ１で５は左の面，Ａ２では上の面にある。ここから下に２回転がしたＣ２では下の面にあるので，ここからＤ４まで進んで５が上の面にくるには，どのように合計で右に２回，下に１回進んでゴールすればよいかを考えると，Ｄ３に進んで５が左の面にあるか，Ｃ４に進んで５が後の面にあるかのどちらかである。しかし，Ｃ２からＣ４へ進んで５が下の面から後の面にくることはない。

図ⅱ

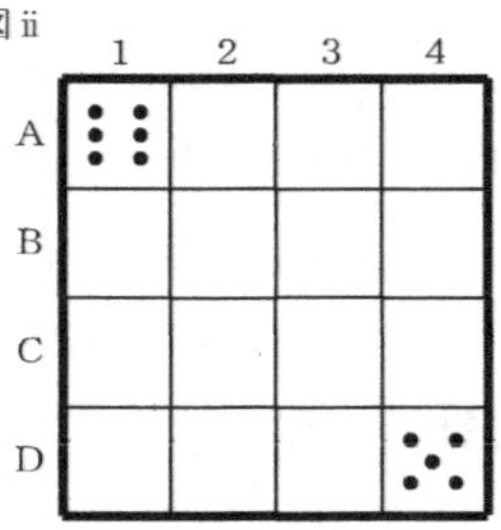

Ｃ２から右に１だけ進むと，Ｃ３で５は左の面にあり，さらに下に１進んだＤ３でも５は左の面にある。ここから右に１進めば上の面を向けてゴールする。なお，解答例以外でも，例えば右図ⅲのように条件を満たす道すじであればよい。

図ⅲ

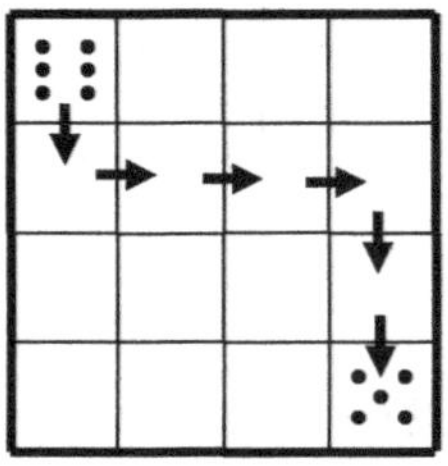

問題２

それぞれの面の数を明らかにしてから，具体的な向きを考える。サイコロの前後，左右，上下の面に書かれた数の和が７となることを利用する。

ゴールでは５が上の面だから，２が下の面である。また，スタートの上の面は６，前の面は３であり，それぞれゴールまで右→下→下→右→下→右のように転がると，上の面は後の面，前の面は右の面に移動するから，まとめると，前の面が１，後の面が６，左の面が４，右の面が３，上の面が５，下の面が２である。

よって，面アは１なので，どの向きに転がっても見え方は同じである。面イは３であり，向きによって見え方が異なる。３の面と向かい合って見たときの見え方は図ⅲの右上がりの３，右下がりの３のいずれかであり，スタートの位置にあったサイコロの目のつき方から考える。前の面が１，後の面が６，左の面が４，右の面が３，上の面が５，下の面が２となるように，スタートの位置にあったサイコロを転がす。まず，６が後の面になるようにサイコロを上に進むように転がすと，３は上の面になる。次に，３が右の面になるようにサイコロを右へ進むように転がすと，右の面から見て右下がりになる。よって，解答例のようになる。

図ⅲ

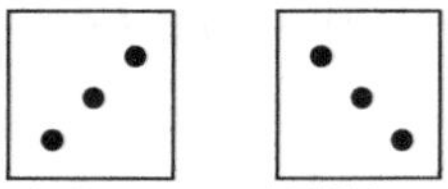

右上がりの３　　右下がりの３

なお，問題１において，図ⅲのように進んだ場合も，解答例と同じになる。

問題３

ろうのように，燃えると二酸化炭素を発生する物質を有機物という。有機物には炭素がふくまれていて，炭素が空気中の酸素と結びつくときに熱を発生する。これに対し，使いすてカイロでは，中身にふくまれる鉄粉が空気中の酸素と結びつくときに熱を発生する。鉄は酸素と結びついても二酸化炭素を発生しない。なお，反応後の物質は酸化鉄であり，鉄とは異なる物質に変化しているので，磁石を近づけても引きよせられず，塩酸を加えても水素が発生しない。

問題４

ろうそくが燃えるとき，酸素は使われると二酸化炭素になる。この実験では，酸素が使われたことはわかるが，二酸化炭素が増えていないので，使われた酸素のゆくえについて疑問をもつことが考えられる。酸素は使いすてカイロが温かくなるために使われたはずだから，カイロにふくまれる物質に結びつくことで，実験後のカイロの重さが実験前よりも重くなると考えられる。

問題５

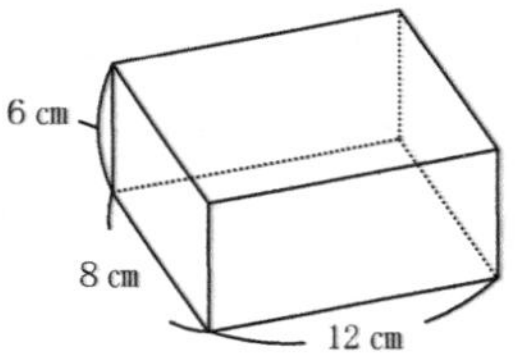

２つのおかしの箱を右図のような縦，横，高さがそれぞれ８cm，12 cm，６cmの１つの直方体になるようにまとめて考える。

解答例のように，紙の中央に縦，横が 12 cm，８cmの長方形を底面としてかくと，

高さは(20－８)÷２＝６(cm)〔(24－12)÷２＝６(cm)〕に決まる。中央の長方形の４つの辺と重なる部分を谷折りし，紙の角にあたる部分は直角二等辺三角形を作るように折りたたんで，テープでとめると袋ができる。

また，紙の折り方は複数考えられるため，条件を満たしていれば他の折り方でもよい。

問題６

資料４からは，令和２年度をのぞいて，日本の木材消費量は増加傾向にあることを読み取る。令和２年度は，新型コロナウイルスの感染拡大を受けて国内産業が落ち込んでいたため，全体を通した傾向から外して考える。資料５からは，日本の木材自給率が増加傾向にあることを読み取る。資料６からは，新しく林業の仕事についた人が一定数いることを確認する。資料７からは，月給で給料を受け取る人の割合が増え，日給や出来高で給料を受け取る人の割合が減っていることから，企業的・計画的に林業に従事している人が増えていることを読み取る。資料８からは，人々が森林に求めているものが，木材だけでなく，その環境や文化的活動・スポーツなど多岐《たき》にわたっていることを読み取る。完全な正答というものは存在せず，使う資料によってその答えは変わってくるが，持続可能な開発と林業を両立させて考えることが望ましいと思われる。

問題７

$\frac{18}{11}=1\frac{7}{11}<2$だから，答えの整数部分が２か３になれば必ず２番目に大きい数といえる。$\frac{4}{2}=2$だから，分子が分母より小さい分数は１より小さいことを利用し，残りの数を$\frac{7}{12}$とし，和を考えると計算しやすい。他にも条件を満たす解答であればよい。

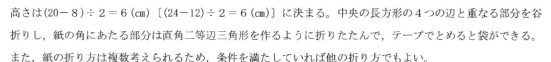

《解答例》

問題１　(例文)私は、自分の好きなことを極めることで「生き延びる力」を身に付けようとしている。私は天体について知ることが好きだ。宇宙に関することを読んだり調べたりしていると、夢中になって時間を忘れてしまうほどだ。将来は宇宙関連の仕事をしたい。そのために、宇宙工学系の大学に進学したいと考えている。その道に進むために、今は、苦手な科目もふくめて一生けん命勉強をしている。筆者が、一人ひとりの能力はみんなで分かち合って使うものだと述べているとおり、私も、自分の宇宙に関する力を社会のみんなのために役立てたいと思う。そのように、好きなことを専門的な能力に高め、社会にこうけんすることによって、生活を成り立たせたいと思う。

問題２　回答１…福山市は、広島県の南東に位置する、人口が県内第二位の街です。交通のアクセスがよく、穏やかな気候と豊かな自然に恵まれています。かつて戦争で荒れ果てた街は、いたるところで美しいばらが咲く、百万本の「ばらのまち」になりました。市内には、日本遺産の「鞆の浦」や、築城四百年をこえる「福山城」があります。福山市は、日本一の生産量を誇るデニム生地をはじめ、さまざまな製造業が集まる「ものづくりのまち」です。　　回答２…戦後六十年以上に及ぶばらのまちづくりや、ローズマインドを大切に育んできた取組が、「世界バラ会議」で認められたためです。戦後「荒れ果てた街に潤いを与え、人々の心にやわらぎを取り戻そう」と、住民が約千本の苗木を植えたことが「ばらのまち」の始まりです。ばらを育てることで、「思いやり・優しさ・助け合いの心」を意味するローズマインドを育み、「人とまちと平和を大切にする」心が、今なお受け継がれています。

《解答例》

問題1　図6で左右のばねからおもりまでのきょりの比が，図3でおもりの重さが同じときののびの比と同じになるような位置におもりをつけると，定規が水平になる。

問題2　選んだばね…左側：ばね2　右側：ばね4　下図

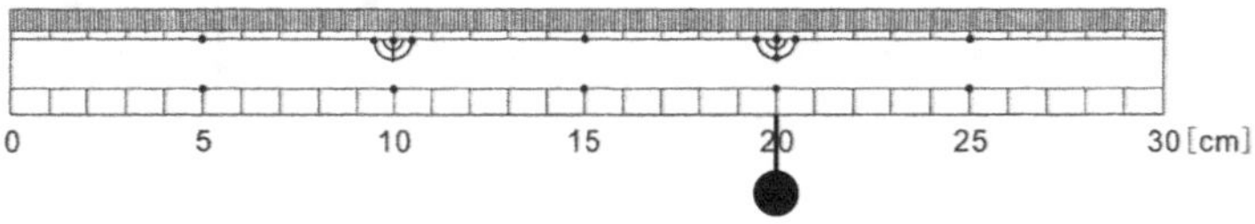

問題3　選んだ花畑…イ，ク　　理由…資料4より，午前10時の太陽の見える方位は南東だから，資料2でダンス1をしたときの花畑は北にある。また，資料5より，15秒間のダンスの回数が3回のとき，巣箱から花畑までのきょりは約2.3kmだから，イだと考えられる。同様に考えると，ダンス2をしたときの花畑は，巣箱から西に約0.8kmの位置にあるクである。

問題4　生産量の予測…(例文)レモン農家の高齢化が進んでいることからみかん農家についても同様と考えられる。レモンとみかんを比べると，レモンの方が取引価格も高く，10aあたりの労働時間もレモンの方が少ないうえに，広島市認定特産品にレモンが指定されていることから，みかん農家がレモンを栽培するようになり，レモンの生産量は増えることが予測される。

予測の説明をおぎなうために必要な資料とその理由…レモンとみかんの栽培面積の推移がわかる資料で，みかんの栽培面積が減った分，レモンの栽培面積が増えていれば，予測が裏付けられるから。

問題5

［1つ目］

ウ	ウ
㋑	イ
イ	イ

下の段

ウ	ウ
㋑	㋑
㋑	イ

上の段

［2つ目］

ウ	ウ
㋓	㋓
エ	エ

下の段

ウ	ウ
㋓	エ
㋓	エ

上の段

《解　説》

問題1

図6のばね1とばね3の組み合わせに着目すると，おもりからのきょりの比は，ばね1：ばね3＝20(cm)：10(cm)＝2：1である。図3で，おもりの重さが25gのときののびの比は，ばね1：ばね3＝3.0(cm)：1.5(cm)＝2：1である。ばね2とばね5についても同様に考えると，図6のおもりからのきょりの比と図3ののびの比はどちらも，ばね2：ばね5＝4：1である。

問題2

問題1の関係をもとに，定規の左端からおもりまでのきょりをまとめると右表のようになる。これらのうち，図6以外の組み合わせで，整数になっているものを選ぶと，作図しやすい。

		右側のばね				
		1	2	3	4	5
左側のばね	1		18cm	20cm	22.5cm	$\frac{180}{7}$cm
	2	12cm		$\frac{120}{7}$cm	20cm	24cm
	3	10cm	$\frac{90}{7}$cm		18cm	22.5cm
	4	7.5cm	10cm	12cm		20cm
	5	$\frac{30}{7}$cm	6cm	7.5cm	10cm	

問題３

資料２で，ミツバチが花のみつを集めた日時が秋分の日の10時であることから，資料４より，太陽の見える方位(資料３の①の矢印の方向)が南東であることがわかる。よって，巣箱に対して右図のように方位が決まる。解答例以外のダンス３と４について考えると，ダンス３のときの花畑のある方位は北西，ダンス４のときの花畑のある方位は南西である。さらに，資料５の巣箱から花畑までのきょりと15秒間のダンスの回数の関係より，花畑の位置を求めればよい。ダンス３のときの花畑までのきょりは約0.5kmだからオ，ダンス４のときの花畑までのきょりは約1.4kmだからシである。

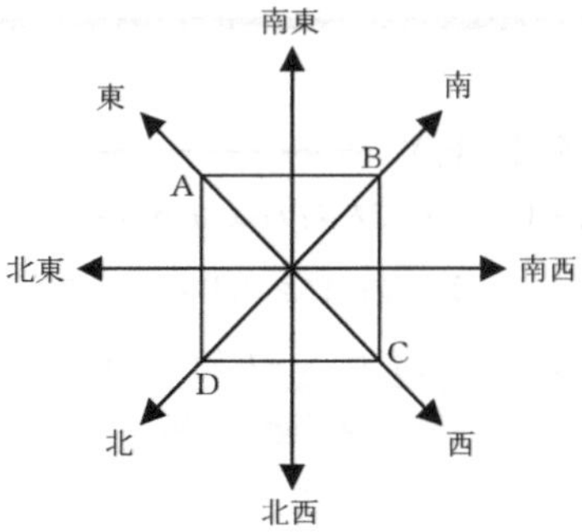

問題４

資料２を見ると，レモンの方が農地 10ａあたりの労働時間が短く，労働時間１時間あたりの所得が多いことが読み取れる。資料４を見ると，レモンの産地での高齢化が進んでいることが読み取れる。資料５を見ると，みかんよりレモンの方がブランド化の努力や広島市の支援がはっきりと見てとれるので，みかんからレモンへの転作が進むと考えて，レモンの生産量は増えると判断した。レモンの農地が増えてみかんの農地が減っている資料を提示することができれば，みかんからレモンへの転作が行われたと判断できる。

問題５

図ⅰ，ⅱのように，イを２つまたはエを２つ使うことで，立方体を８個つなぎ合わせた大きな立方体ができる(太線は２つの立体が合わさった辺)。これにウを１つ合わせることで，図２の直方体ができるから，解答例のような組み合わせが考えられる。

解答例以外にも，図ⅲのようにイ２つとオ１つで図２の直方体をつくるなど，組み合わせはいくつか考えられる。

図ⅰ

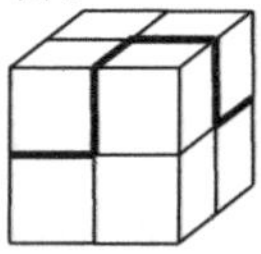

図ⅱ

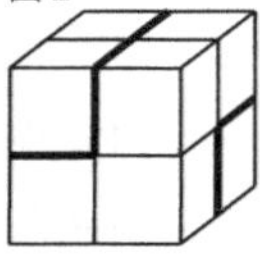

図ⅲ

《解答例》

問題1　(例文)

私は、面白くないのを我慢して宿題をやっている。もちろん宿題をきちんとやることは大事なことだ。そこで、少しでも楽しく宿題を終わらせる方法について考え、取り組みたいと考えた。数学の宿題は算数に似ていると思うので、いかに速く正確に解けるかを競うゲームにしてしまおうと思う。たとえば、何人かの友達と同時に解き始め、一番早く正解にたどり着いた人を勝ちとすれば面白そうだ。また、社会の宿題は、関連する知識を増やしてみると面白そうだ。たとえば、ヨーロッパの地理の宿題が出たら、ヨーロッパの食べ物や文化、歴史などについて、自分の興味のあることを調べながら宿題をやろうと思う。

問題2　記事1…人類は、数多くの課題に直面し、危機にひんしている。そこで、世界中の様々な立場の人々が話し合い、「持続可能な世界」を実現するために、二〇三〇年までに達成すべき具体的な目標を立てた。それがＳＤＧｓである。　　記事2…十分な食べ物を食べられずに栄養不足になり、健康を保てなくなった状態のことを飢餓という。世界では、途上国の農村部に住む人々を中心に、約六・九億人が飢餓に苦しんでいる。飢餓で子どもたちの成長が遅れたり、亡くなったりすることは、その国の成長や発展の遅れにもつながる。その一方で、世界で作られた食料のうち、約三分の一が毎年捨てられている。食べられるのに捨てられてしまう食べ物のことを食品ロスという。食品ロスを減らすために、食材の普段捨ててしまう部分を使って非常食を作る、スーパーで期限の迫った食品の購入をすすめる、品質に問題のない商品をふぞろい品として安く販売するといった取り組みが行われている。

《解　説》

問題1

筆者の考えがまとめられている，本文の最後から2～4段落を丁寧に読み，それをもとにして構成メモを作ろう。まず，自分の生活の中で「仕方ない」「我慢《がまん》しよう」と思っていることはないか，具体的に思い浮かべて，その中から一つ選ぼう。次に，それを「もっと楽にできないか，もっと自由にできないか，もっと面白くできないか」考えよう。これまでのように「我慢しなくていい方法は本当にないかを考える」のだ。このように順序立てて考え，構想メモをとってから書き進めよう。

問題2

著作権に関係する弊社《へいしゃ》の都合により本文を非掲載《ひけいさい》としておりますので、解説を省略させていただきます。ご不便をおかけし申し訳ございませんが、ご了承《りょうしょう》ください。

《解答例》

問題１　効率よいと思う方法(バケツの種類，回数，入れ方)とその理由…容積が大きいバケツをなるべく多く使った方が効率がよいので，④で17回，②で２回入れる。

計算式と具体的な手順…入れる水の量は，50×50×3.14×20＝50000×3.14＝157000(㎤)，つまり，157000÷1000＝157(L)である。１ぱいの水の量は，①が1.5L，②が２L，③が1.5×４＝６(L)，④が1.5×２＋６＝９(L)である。まず④で，157÷９＝17 余り４より，17 回水を入れる。次に②で，４÷２＝２より，２回水を入れる。

問題２　★印の場所では，風がふいてくる方向に木や建物があると，雨がさえぎられて雨量計に入りにくくなるから。／★印の場所にある雨量計はアスファルトの上に置かれており，地面からのはね返りによって，雨量が増えるから。

問題３　選んだグラフの記号…ウ　理由…年ごとの生産量，消費量，総はい出量の推移と，それぞれの年における生産量に占める消費量や総はい出量の割合を比べることができるから。

問題４　将来，増えると予測する発電方法…水力発電　理由…日本は 2050 年までに温室効果ガスはい出量を実質ゼロにする目標があり，現在発電量の多くを占める火力発電による電力のかわりにするには，発電効率がよく，発電量の調整がしやすい水力発電があっているから。

問題５

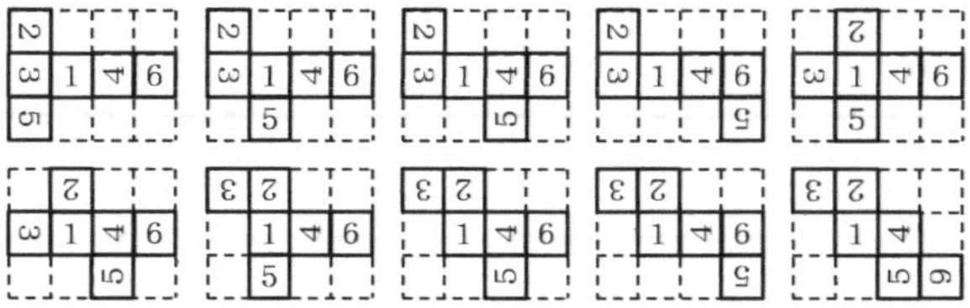

などから２つ

《解　説》

問題１

バケツを使う回数を少なくした方が効率がよいので，解答例のように，なるべく容積が大きいバケツを使って水を入れる。「水を入れたりぬいたりして」とだいちさんが言っているので，水をぬくことでバケツを使う回数が少なくなるのかも調べた方がよいが，そのような方法は存在しない。

問題２

表１より，アメダス観測所の雨量と比べて，★印の場所の雨量が多い時間帯は９時～10 時(風は吹いていない)，11 時～12 時(風向は西で風速は 1.1m/秒)，12 時～13 時(風は吹いていない)であり，アメダス観測所の雨量と比べて，★印の場所の雨量が少ない時間帯は 10 時～11 時(風向は東で風速は 3.4m/秒)，14 時～15 時(風向は北で風速は 4.8m/秒)，15 時～16 時(風向は北で風速は 4.4m/秒)である。これらのデータから，最初に風の影響について考える。図３では，アメダス観測所の位置と比べて，★印の場所では北側に工作室，東側に木があり，北風と東風がふいているときは，建物や木によって雨がさえぎられるため，雨量が減ると考えられる。次に地面からの影響について考える。強が吹いていないときと西風がふいているとき，アメダス観測所の雨量と比べて，★印の場所の雨量が

多いので，アスファルトの地面に雨量計を置いた★印の場所では，地面からのはね返りによって雨量が増えると考えられる。

問題３

ウの棒グラフを選ぶ。年ごとのプラスチック製品の生産量・消費量・総はい出量の大小が，棒の高低で表されているので，推移を比べやすい。アの折れ線グラフは数量の増減，エの帯グラフは構成比などに使う。

問題４

解答例の他「日本は 2050 年までに温室効果ガスはい出量を実質ゼロにする目標があり，現在発電量の多くを占める火力発電は発電時に大量の二酸化炭素をはい出するので，発電時に二酸化炭素をはい出しない水力発電(地熱発電／太陽光発電)があっているから。」などもよい。図１を見ると，日本は石炭・石油・天然ガス火力による発電量が全体の 80%以上を占めている。そのことを踏まえて表１を見ると，火力発電は発電時に二酸化炭素を大量にはい出するといった課題がある。一方，火力発電以外の発電方法では発電時に二酸化炭素をはい出しないといった利点がある。表２を見ると，日本は 2050 年までに温室効果ガスはい出量をゼロにすることを目標とし，水力発電・地熱発電・太陽光発電などの再生可能エネルギーの導入を掲げているので，二酸化炭素を大量にはい出する火力発電から，二酸化炭素をはい出しない再生可能エネルギーへ転換していこうとしていると導ける。

問題５

立方体の展開図は右図の①～⑪の 11 種類ある。⑪の形は解答欄《らん》に収まらないが，①～⑩の形ならばどれでも解答になる。①～⑥のように，４つの面が１列に並び，その上下に１面ずつがくっついている形が基本的な形なので，これをかくのが簡単である。

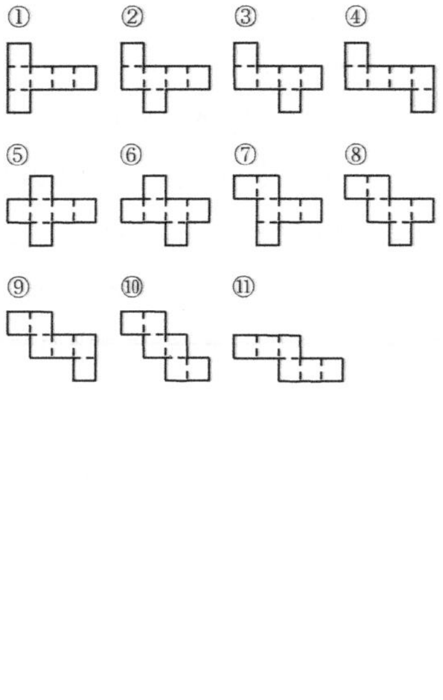

《解答例》

問い１　(例文)

筆者は、ハタをラクにすること、つまり、まわりのみんなを楽しくすることが「働く」ということだと考えている。そして、まわりのみんなとは、家族や友人、仕事仲間やスタッフの他、仕事でつくったものに関わる人すべてである。私が「これこそ『働く』だな」と感じたのは、ある建築士さんの仕事だ。私の住む家は、少し前にリフォームを行った。工事を始める前に、建築士さんが家に来て、両親と打ち合わせを行った。建築士さんは、物ごしがやわらかく、笑顔の絶えない人で、両親の質問にていねいに答えていた。建築士さんが両親の要望をたくさん取り入れ、上手にまとめてくれたおかげで、リフォームの結果はとても満足のいくものだった。両親と私は何度も「リフォームしてよかった」という話をしている。私は、この建築士さんのように、笑顔でていねいに人と接することができ、仕事を通して相手を幸せにすることができるような人になりたい。

問い２　(例文)

私は、留学生をもてなすために、スポーツ大会、和食を使った昼食会、日本のアニメのかん賞会を行いたいと思う。午前中はスポーツ大会を行いたい。最初はおたがいにきん張していると思う。アンケートからはまわりの人とコミュニケーションをとれるかどうか心配している留学生もいることがわかる。いっしょに体を動かすことで、きん張がほぐれ、コミュニケーションをとりやすくなると思う。午後は、和食を使った昼食会を行いたい。食を通して日本の文化にふれることができるし、日本食に興味がある留学生もいるからだ。最後は日本のアニメのかん賞会を行いたい。小中学生が主人公のアニメの中には、日本の教育や文化、社会について学べる作品があり、アニメやまんがに興味がある留学生もいるからだ。

《解　説》

問い１

第３段落に「僕《ぼく》にとっての『働く』は，傍《はた》(ハタ)をラクにすること。傍，つまり，まわりのみんなを楽しくすることが，仕事をする目標であり喜びであり，もっとも大きなモチベーションの源です」と述べられている。この筆者の考えをもとに，最近自分が「これこそ『働く』だな」と感じたことを思い出そう。そして，それと結びつけて，自分が将来どんな人になりたいか，具体的に考えよう。書き始める前に構想メモをとってから書き始めよう。

問い２

留学生をもてなす(＝心をこめてお客さんのお世話をする)ためのイベントであることを忘れずに構想を練ることが大切だ。まず【条件】より，イベントは午前 10 時から午後４時までで，昼食時間をはさんでいることをおさえよう。時間が６時間とかなり長いので，例文では昼食をふくめて３部構成とした。また，留学生の数が 30 人なので，30 人でもできること，また 30 人だから楽しくできることを考えるとよい。次に【アンケートとその回答】を参考にして，できるだけ留学生の興味・関心の高いことを意識して，少しでも不安を和らげてあげられるようなイベントを計画しよう。

《解答例》

問題1　記号…ウとオ〔別解〕アとオ，イとオ，ウとカ　説明…(ウとオの説明)アの面積は8×8×3.14÷4＝16×3.14(㎠)，イの面積は(12×12－8×8)×3.14÷4＝20×3.14(㎠)，ウの面積は(15×15－12×12)×3.14÷4＝20.25×3.14(㎠)，エの面積は9×9×3.14÷6＝13.5×3.14(㎠)，オの面積は(15×15－9×9)×3.14÷6＝24×3.14(㎠)，カの面積は(18×18－15×15)×3.14÷6＝16.5×3.14(㎠)である。イとカの面積の和は20×3.14＋16.5×3.14＝36.5×3.14(㎠)だから，ウとオに当てれば，面積の和が20.25×3.14＋24×3.14＝44.25×3.14(㎠)となり，勝つことができる。

問題2　公園に行く月日…4，23　説明…太陽がのぼる方位が70°から80°であれば，太陽が島からのぼるところを見ることができる。そのようになる日曜日は，4月16日，4月23日，4月30日，8月13日，8月20日，8月27日であり，4月23日と8月20日では太陽がのぼる方位が75°に近く，より島の中央に近いところから太陽がのぼる。さらに，8月後半は4月後半よりも台風が接近，上陸する可能性が高く，4月後半の方が日の出を見られる可能性が高いから。

問題3　北部を中心に栽培されるコシヒカリは，高温と風に弱いと考えられます。背が高いために風で倒されやすいので，台風がきたとき，風が弱くなる内陸側で栽培されているのでしょう。高温と風に強い品種がヒノヒカリです。そのため，コシヒカリより南側の海に近い低地での栽培が可能になったと考えられます。

問題4　順…

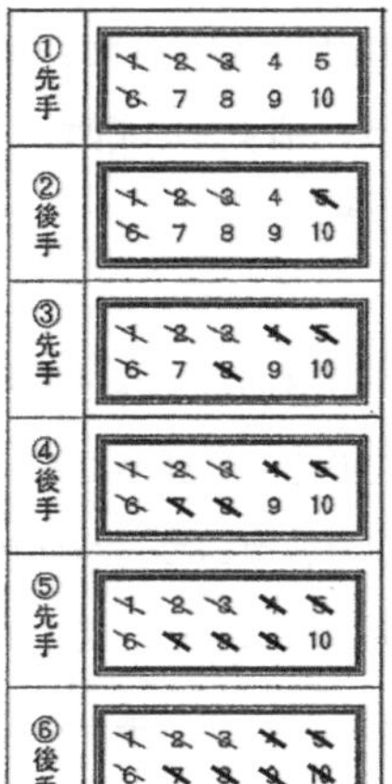

説明…①の時点で数字が残り6つであり，数字を2つ同時に消すことができるのは，4と8または5と10の2組ということに注目する。②でどの数字を消した場合でも，③で，残りの数字が3つで，かつ，2つ同時に消せる数字がない状態か，残りの数字が4つで，かつ，2つ同時に消せる数字が2組ある状態にすればよい。残りの数字が3つの場合は，1つずつ交互に消していけば勝つことができる。残りの数字が4つの場合は，④で数字を1つ消したら⑤で数字を2つ消し，④で数字を2つ消したら⑤で数字を1つ消せば勝つことができる。

問題5　輪ゴムの種類…A　輪ゴムののびの長さ…11㎝　説明…2回目までの点数の合計はだいちさんが120点で，みどりさんが90点である。したがって，3回目でみどりさんが最高点の100点をとったとしても，3回目でだいちさんが80点か100点をとれば，だいちさんはみどりさんに勝つことができるから。

《解　説》

問題1

アは半径が8㎝の円を4等分したうちの1つなので，面積は8×8×3.14÷4＝16×3.14(㎠)である。イは半径が8＋4＝12(㎝)の円から半径が8㎝の円を除いた図形を4等分したうちの1つなので，面積は(12×12×3.14－8×8×3.14)÷4＝(12×12－8×8)×3.14÷4＝80×3.14÷4＝20×3.14(㎠)である。

同様に考えると，解答例のようにア～カの面積をそれぞれ求めることができる。

問題２

図１の太陽は真東にあるので，太陽がのぼる方位は(真北から時計回りに)90°である。真東を向いているとき，左手側が北だから，島は真東より10°から20°北よりにある。したがって，太陽がのぼる方位が70°から80°であれば，太陽が島からのぼるところを見ることができる。図２より，そのようになるのが４月10日ごろから５月１日ごろまでと，８月10日ごろから９月１日ごろまでとわかり，表１より，この期間中の日曜日が４月16日，４月23日，４月30日，８月13日，８月20日，８月27日の６日間だとわかる。この６日間のうち，最も適切であると考えた日付を選ぶ。解答例以外でも，例えば，８月13日のお盆のころはよく晴れるという経験などをもとに，自分の考えをまとめてあればよい。

問題３

図２と図４から，コシヒカリは涼しい北部，ヒノヒカリは暖かい南部で栽培されていることを読み取り，コシヒカリが高温に弱い品種，ヒノヒカリが高温に強い品種であることを導く。さらに，図５と図６から，台風が内陸側を通過しないため，陸上の方が海上よりも風力が弱くなることがわかる。このことを踏まえて図２を見ると，内陸側で作られているコシヒカリは，風に弱い背が高い品種と導ける。一方，図２と図３を見ると，標高が低い沿岸地域で作られているヒノヒカリは風に強い品種と導ける。

問題４

解答例のように考えると，例えば②で７を選んだ場合は，次のように選べば勝つことができる。

③で９を選ぶ(残りの数字が４つで，かつ，２つ同時に消せる数字が２組ある状態にする)。④で相手が，４または５を選んだ場合(数字を１つ消す)は，⑤で 10 または８を選べば(数字を２つ消す)，残りの数字が８または 10 だけになり，勝つことができる。④で相手が８または 10 を選んだ場合(数字を２つ消す)は，⑤で５または４を選べば(数字を１つ消す)，残りの数字が 10 または８だけになり，勝つことができる。

問題５

２回目までの点数の合計は，だいちさんの方が(40＋80)－(50＋40)＝30(点)高い。３回目でみどりさんが最高点の100点をとった場合，３回目のだいちさんの点数が100－30＝70(点)以下ではみどりさんに勝つことができないので，３回目のだいちさんの点数は80点以上でなければならない。したがって，図１より，ゴムカーが点Ｐから動いたきょりが８cm以上11cm以下になるような，輪ゴムと輪ゴムののびの組み合わせを考えればよい。図２より，すべての輪ゴムについて，輪ゴムののびとゴムカーが点Ｐから動いたきょりには比例の関係がある。輪ゴムＡでは，４cmのばすとゴムカーは３cm動くから，ゴムカーを８cm動かすには$4\times\frac{8}{3}=10.6\cdots$(cm)，11cm動かすには$4\times\frac{11}{3}=14.6\cdots$(cm)のばせばよい。同様に考えて，輪ゴムＢではゴムカーを８cm動かすには８cm，11cm動かすには11cmのばせばよく，輪ゴムＣではゴムカーを８cm動かすには$4\times\frac{8}{6}=5.3\cdots$(cm)，11cm動かすには$4\times\frac{11}{6}=7.3\cdots$(cm)のばせばよい。輪ゴムののびは整数にした方が実験しやすいので，輪ゴムＡでは11cm，12cm，13cm，14cmのいずれか，輪ゴムＢでは８cm，９cm，10cm，11cmのいずれか，輪ゴムＣでは６cmか７cmのどちらかにするとよい。

《解答例》

問い１　（例文）

この文章から、失敗は時がたてばすべて経験になるので、失敗をおそれず、今できることをやればよいということを読みとった。

私にとっての「いい経験」は、ダンスの体験教室に参加したことだ。私は運動がきらいだったが、友だちから熱心にさそわれたのだ。うまくできないとはずかしいから、行きたくないと思った。しかし、実際に参加してみると、失敗してもだれも笑ったりしない。ていねいに教えてくれたり、いっしょにやりながらアドバイスをくれたりした。そのおかげで、教室が終わるころには、私はダンスをするのが楽しいと思うようになっていた。

この経験から、失敗をおそれてチャレンジしないのはもったいないことだと考えた。初めからあきらめるのではなく、やってみなければわからないという気持ちで前に進むことが大切だ。できなかったらはずかしいという思いこみを捨てて新たな一歩をふみ出すことで、自分の世界が広がるのだと考える。

問い２　（例文）

保育士、心理カウンセラー、看護師、小中学校の先生には、相手の心に寄りそい、対話をすることが求められるという共通点がある。

私は、福山中学校に入学したら、仲間と協力して何かをつくり上げる力を身につけたい。たとえば、一樹祭の展示発表を行う際には、皆が意見を出し合い、力を合わせることが必要になるだろう。その時、おたがいの考えや気持ちを理解し、尊重し合いながら物事を進める姿勢が大切になると思う。

ＡＩが得意なことはＡＩに任せ、人間は、人間にしかできない仕事をする。そのような未来に向けて、ＡＩにはない共感力や協調性を身につけていくとよいと思う。

《解　説》

問い１

著作権に関係する弊社《へいしゃ》の都合により本文を非掲載《ひけいさい》としておりますので、解説を省略させていただきます。ご不便をおかけし申し訳ございませんが、ご了承《りょうしょう》ください。

問い２

まず、表１にあるいくつかの職業の共通点を探す。その共通点は何でもよいわけではない。ＡＩが発達した未来においても、人間にしかできない、あるいはＡＩには難しいことをふくむものを考える。そして、ＡＩが発達した未来においても、人間に求められるそれらの能力を身につけていけばよいという方向でまとめると書きやすい。そうした能力を身につけるために、福山中学校でどんなことを勉強するのか、どんなことにどんなふうに取り組むのかといったことも書いておきたい。

《解答例》

問題１　[箱Aから取り出したカード／箱Bから取り出したカード]

[$\frac{11}{3}$／□＋10] [$\frac{2}{27}$／１÷□] [５／$\frac{5}{2}$×□] [4.7／$\frac{5}{2}$×□] [$\frac{11}{3}$／□×□]　から３つ

問題２　台風が通ったと考えられる進路…B　説明…12 時の風向は南東だから，北西を向いて左手をななめ前 45° にのばすと，左手は西を指し示す。また，18 時の風向は南西だから，北東を向いて左手をななめ前 45° にのばすと，左手は北を指し示す。よって，観測地点から見て，台風の中心が 12 時には西にあり，18 時には北にあることがわかるから，台風が通ったと考えられる進路はBである。

問題３　説明…さくら市の水道料金について，高いと思う人の方が低いと思う人よりも多いです。また，ほとんどの人が節水を心がけています。このようにさくら市では，水道料金の節約を目的に節水を心がけている人が多いので，水道水使用量が減ってきているのだと思います。

あるとよい資料…各年における，さくら市の水道料金の基本料金の推移。

〔別解〕説明…さくら市では，安全性への不安から水道水を飲まない人が一定数います。また，水道水を飲むほとんどの人は，加熱・じょう水した後に飲んでいます。このようにさくら市では，水道水の安全に対する不安からミネラルウォーターやウォーターサーバーを利用する人が増加している可能性があるので，水道水使用量が減ってきているのだと思います。

あるとよい資料…ミネラルウォーターやウォーターサーバーを利用する世帯の推移。

問題４

	出発地点	1	2	3	4	5	6	とう着地点
2組	A	し	く	か	う	あ	え	B
4組	B	こ	そ	つ	た	さ	き	B

問題５　考え方…①　説明…買い物するときにエコバッグを持っていくことで，ビニールぶくろのごみを減らす。

〔別解〕考え方…③　説明…飲料容器を資源として再利用することで，ペットボトルのごみを減らす。(下線部は空きかんでもよい)

問題６　ことわざ辞典…３　国語辞典…29　／右図　**※別解は解説を参照してください。**

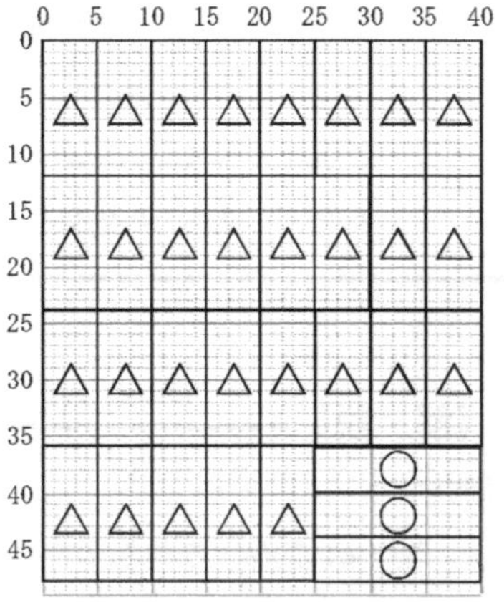

問題７　考えられる３けたの数…104，140，401，410，444

説明…

数字	0	1	2	3	4	5	6	7	8	9
縦(本)	4	2	2	2	3	2	3	2	4	3
横(本)	2	0	3	3	1	3	3	1	3	3

横が合計３本になるのは，①１と１と，２か３か５か６か８か９，②０と１と，４か７，③４か７を３つ，の３組ある。①はいずれも縦が合計９本にならない。②で縦が合計９本になるのは，０と１と４である。③で縦が合計９本になるのは，４と４と４である。よって，０と１と４からできる３けたの数と，444 である。

《解　説》

問題１

答えが 10.3 より大きく 14 より小さくなるような式を作ればよい。すべての取り出し方について計算するのは大変そうだが，手早く計算することに慣れていればそれほどでもない。例えば，Bから「１÷□」を取り出した場合，Aから取り出した数の逆数が答えとなるので，１より小さい0.3か$\frac{2}{27}$についてだけ計算すればよいとわかる。Bから「□×□」を取り出した場合は，３×３＝９，４×４＝16だから，Aから取り出した数が３と４の間の数でなければならず，$\frac{11}{3}$についてだけ計算すればよいとわかる。

問題２

資料１の風向をもとに，資料２の台風の中心のある方位を知る方法を使って，それぞれの観測時刻において台風の中心が観測地点から見てどの方位にあったのかを調べる。資料３を見ると，０時と６時の台風の中心がある方位はどの進路でもあまりちがいがないので，観測地点(★)から見て台風の中心の方位が大きく異なる12時や18時で考えればよい。資料２の方法を使うと，台風の中心は，18時には観測地点から見て北にあることがわかるので，台風が通ったと考えられる進路はBである。12時についても同様に調べれば，より正確にBを選ぶことができる。なお，この観測地点には台風の右側が通過している。台風の右側では，中心に向かってふきこむ風と台風を移動させる風の向きが同じなって，非常に強い風がふく。資料１からも台風が最も近づいた12時の平均風速が秒速23mと非常に大きくなっていることがわかる。

問題３

「水道料金」のアンケートから「高いと思う」と答えた人が３割以上いること，「節水への心がけ」のアンケートから「節水に心がけている」「時々心がけている」と答えた人が８割以上いることを読み取り，節約目的に水道水の使用を控える人が多いことを導く。別解について，「水道水の安全性」のアンケートから「どちらかというと不安」「不安」と答えた人がいることと，「水道水の飲み方」のアンケートから「水道水はまったく飲まない」と答えた人がいることを関連付ける。さらに，「水道水の飲み方」のアンケートから「ふっとうさせた水道水を飲む」「ふっとうさせて，コーヒー・お茶として飲む」「じょう水した水道水を飲む」と答えた人が７割程度いることを読み取り，安全性への不安から水道水を避けてミネラルウォーターやウォーターサーバーを利用する人が増加していることを導く。

問題４

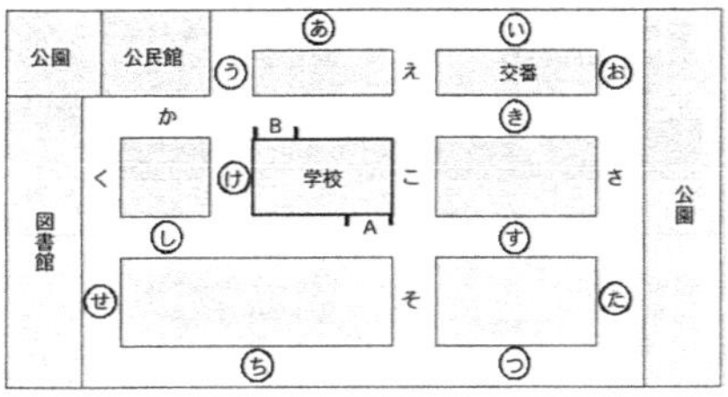

１，３組が清そうした区域に○をつけると，右図のようになる。○がついていない区域を通る道順を書くだけであり，解答例以外にも様々な解答が考えられる。

問題５

ごみの３R(リデュース・リユース・リサイクル)を進め，新たな天然資源の使用を減らす社会を「循環型社会」という。②のリユースについては，資料１の「その他」に含まれる空きびんを，洗って汚れを落とした後に中味をつめてくり返し使えば，新しいびんをつくる際に使う資源やエネルギーを節約することができる。

問題６

まず，重さから入れることができる組み合わせを計算する。ことわざ辞典を５冊入れると，国語辞典に25－0.12－0.9×５＝20.38(kg)使うことができ，20.38÷0.75＝27余り0.13より，国語辞典は27冊入れることができる。ことわざ辞典１冊を国語辞典１冊に置きかえると，重さが0.9－0.75＝0.15(kg)軽くなるから，ことわざ辞典４冊と国語辞典28冊だと0.13＋0.15＝0.28(kg)余り，ことわざ辞典３冊と国語辞典29冊だと0.28＋0.15＝0.43(kg)余って，いずれにしてもこれ以上入れることはできないとわかる。したがって，重さだけで考えると，(ことわざ辞典，国語辞典)＝(５冊，27冊)(４冊，28冊)(３冊，29冊)のいずれかであり，合計冊数はすべて同じ32冊だから，次に，箱に入るのはどれかを考える。

積み重ねることはできないので，箱の高さを有効利用するために，○または△の面を上にして入れる。数が多い国語辞典の入れ方から考える。問題の図の向きのままに国語辞典を箱に入れると，横はちょうど 40÷５＝８(冊)並び，縦は 49÷12＝４余り１より，１㎝余るだけだから，この入れ方がすきまが少なくなりそうだとわかる。この入れ方で国語辞典を 26 冊まで入れたあとは，ことわざ辞典の数に応じて入れ方を考える。ことわざ辞典が３～５冊のいずれでも，右図のように入れることができるので，冊数の組み合わせは，

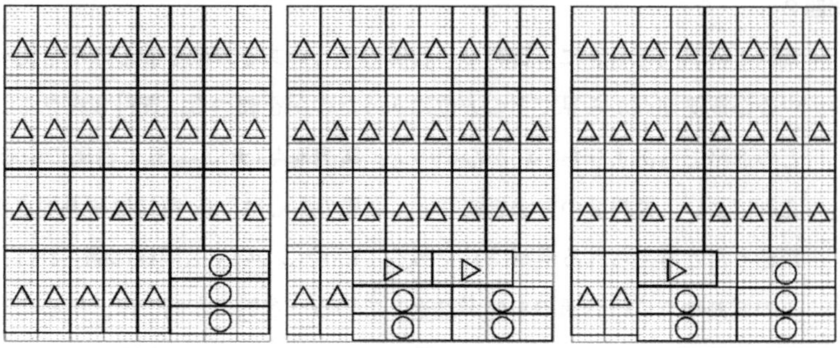

(ことわざ辞典，国語辞典)＝
(５冊，27 冊)(４冊，28 冊)(３冊，29 冊)のいずれでもよい。

問題７

解答例のように表にまとめてから考えるとよい。縦の合計が９本になる組み合わせよりも，横の合計が３本になる組み合わせを探したほうが，候補をしぼることができる。

《解答例》

問題１　(例文)私が出会った「ありがたい敵」は、親友のＡさんだ。私が学級会で司会をした時に「反対の人は手を挙げて下さい。」と言ったところ、二人が手を挙げた。私は「反対が少ないので多数決で決まりました。」と話し合いを終わらせた。その日の帰り道、Ａさんから「反対の人が少ないからといって、意見を聞かずに終わらせたのは良くなかったと思う。明日もう一度話し合おうよ。」と言われた。早く意見をまとめたかった私は、賛成で決まることを前提に話を進めてしまったのだ。Ａさんは、司会としての私を成長させるために、また、クラスにとって必要なことだと思ったから、言いにくいことを言ってくれたのだ。その後、私たちの友情は、こわれるどころか、むしろ深まったと思う。中学校生活では、クラスや部活で新しい友人がたくさんできると思う。うわべだけで同調して終わるのではなく、しっかり意見を言い合い、おたがいに成長できる関係を築いていきたい。

問題２　(例文)私は給食を残さず食べる取組を提案します。なぜなら、資料３の「食事を残さず食べる。」という行動が、資料１にはないからです。また、資料２から、高学年以外は「できなかった日」が多いことがわかりますが、この取組であれば、学年を問わずに実行できると考えたからです。体調や食事量などには個人差がありますが、クラスで協力すれば実現できるはずです。ゴミを減らすことができ、エコ行動の活発化につながる取組だと思います。

《解　説》

問題１

いつきさんがインターネットで見つけた文章によると、筆者は、「ありがたい敵」のことを、「真の友」と言い表している。それは「ありがたい存在であり、敵としての役割も果たして」くれる存在である。「『ありがたい敵』とは、私の言動に異議を唱えるものの、同時に私を人として無条件に受け入れてくれる人～尊敬し愛してくれているからこそ、私の考えや行動に疑問を呈《てい》してくれる人」だと述べられている。これまでの生活の中で、そのような人と出会っていたか、そして具体的にどのような出来事があったのか、思い出してメモを取ってから書き出そう。だいちさんといつきさんは、自分たちに今まで「ありがたい敵」がたくさんいたことに気づき、中学校に入学したら、周りに「ありがたい敵」をたくさんつくりたいし、自分もそうなりたいと言っている。

問題２

まず、資料１～３から読みとったことをもとに、自分ならどのような取組を提案するか考えよう。資料１の呼びかけ用ポスターに書かれている【行動１】～【行動３】は、すでにだいちさんの小学校で取り組んでいるものである。資料２からは、低学年・中学年は、高学年に比べて「エコ行動」に取り組むのがむずかしいという現状がわかる。資料１と資料２の取組状きょう、資料３のエコ数値などを見比べて、すでに取り組んでいる行動に、さらに力を入れることを提案しても良い。また、解答例のように、資料３の中にまだだいちさんの学校で取り組んでいない「エコ行動」があることに目を向けて書いても良い。

■ ご使用にあたってのお願い・ご注意

（1）問題文等の非掲載

著作権上の都合により，問題文や図表などの一部を掲載できない場合があります。

誠に申し訳ございませんが，ご了承くださいますようお願いいたします。

（2）過去問における時事性

過去問題集は，学習指導要領の改訂や社会状況の変化，新たな発見などにより，現在とは異なる表記や解説になっている場合があります。過去問の特性上，出題当時のままで出版していますので，あらかじめご了承ください。

（3）配点

学校等から配点が公表されている場合は，記載しています。公表されていない場合は，記載していません。

独自の予想配点は，出題者の意図と異なる場合があり，お客様が学習するうえで誤った判断をしてしまう恐れがあるため記載していません。

（4）無断複製等の禁止

購入された個人のお客様が，ご家庭でご自身またはご家族の学習のためにコピーをすることは可能ですが，それ以外の目的でコピー，スキャン，転載（ブログ，ＳＮＳなどでの公開を含みます）などをすることは法律により禁止されています。学校や学習塾などで，児童生徒のためにコピーをして使用することも法律により禁止されています。

ご不明な点や，違法な疑いのある行為を確認された場合は，弊社までご連絡ください。

（5）けがに注意

この問題集は針を外して使用します。針を外すときは，けがをしないように注意してください。また，表紙カバーや問題用紙の端で手指を傷つけないように十分注意してください。

（6）正誤

制作には万全を期しておりますが，万が一誤りなどがございましたら，弊社までご連絡ください。

なお，誤りが判明した場合は，弊社ウェブサイトの「ご購入者様のページ」に掲載しておりますので，そちらもご確認ください。

■ お問い合わせ

解答例，解説，印刷，製本など，問題集発行におけるすべての責任は弊社にあります。

ご不明な点がございましたら，弊社ウェブサイトの「お問い合わせ」フォームよりご連絡ください。迅速に対応いたしますが，営業日の都合で回答に数日を要する場合があります。

ご入力いただいたメールアドレス宛に自動返信メールをお送りしています。自動返信メールが届かない場合は，「よくある質問」の「メールの問い合わせに対し返信がありません。」の項目をご確認ください。

また弊社営業日（平日）は，午前９時から午後５時まで，電話でのお問い合わせも受け付けています。

2025 春

教英出版

株式会社教英出版

〒422-8054　静岡県静岡市駿河区南安倍３丁目 12-28

TEL　054-288-2131　　FAX　054-288-2133

URL　https://kyoei-syuppan.net/

MAIL siteform@kyoei-syuppan.net

教英出版の親子で取りくむシリーズ

公立中高一貫校とは？適性検査とは？受検を考えはじめた親子のための最初の１冊！

「概要編」では公立中高一貫校の仕組みや適性検査の特徴をわかりやすく説明し，「例題編」では実際の適性検査の中から，よく出題されるパターンの問題を厳選して紹介しています。実際の問題紙面も掲載しているので受検を身近に感じることができます。

- 公立中高一貫校を知ろう！
- 適性検査を知ろう！
- 教科的な問題〈適性検査ってこんな感じ〉
- 実技的な問題〈さらにはこんな問題も！〉
- おさえておきたいキーワード

定価：1,078円（本体980+税）

適性検査の作文問題にも対応！「書けない」を「書けた！」に導く合格レッスン

「実力養成レッスン」では，作文の技術や素材の見つけ方，書き方や教え方を対話形式でわかりやすく解説。実際の入試作文をもとに，とり外して使える解答用紙に書き込んでレッスンをします。赤ペンの添削例や，「添削チェックシート」を参考にすれば，お子さんが書いた作文をていねいに添削することができます。

- レッスン１ 作文の基本と，書くための準備
- レッスン２ さまざまなテーマの入試作文
- レッスン３ 長文の内容をふまえて書く入試作文
- 実力だめし！入試作文
- 別冊「添削チェックシート・解答用紙」付き

定価：1,155円（本体1,050+税）

絶賛販売中！

詳しくは教英出版で検索

教英出版 検索

URL https://kyoei-syuppan.net/

神奈川県

① [県立] 相模原中等教育学校
　　　　 平塚中等教育学校
② [市立]南高等学校附属中学校
③ [市立]横浜サイエンスフロンティア高等学校附属中学校
④ [市立]川崎高等学校附属中学校
✿⑤聖光学院中学校
✿⑥浅野中学校
⑦洗足学園中学校
⑧法政大学第二中学校
⑨逗子開成中学校(1次)
⑩逗子開成中学校(2·3次)
⑪神奈川大学附属中学校(第1回)
⑫神奈川大学附属中学校(第2·3回)
⑬栄光学園中学校
⑭フェリス女学院中学校

新潟県

① [県立] 村上中等教育学校
　　　　 柏崎翔洋中等教育学校
　　　　 燕中等教育学校
　　　　 津南中等教育学校
　　　　 直江津中等教育学校
　　　　 佐渡中等教育学校
② [市立]高志中等教育学校
③新潟第一中学校
④新潟明訓中学校

石川県

① [県立]金沢錦丘中学校
②星稜中学校

福井県

① [県立]高志中学校

山梨県

①山梨英和中学校
②山梨学院中学校
③駿台甲府中学校

長野県

① [県立] 屋代高等学校附属中学校
　　　　 諏訪清陵高等学校附属中学校
② [市立]長野中学校

岐阜県

①岐阜東中学校
②鶯谷中学校
③岐阜聖徳学園大学附属中学校

静岡県

① [国立]静岡大学教育学部附属中学校
　　　(静岡·島田·浜松)
② [県立]清水南高等学校中等部
　 [県立]浜松西高等学校中等部
　 [市立]沼津高等学校中等部
③不二聖心女子学院中学校
④日本大学三島中学校
⑤加藤学園暁秀中学校
⑥星陵中学校
⑦東海大学付属静岡翔洋高等学校中等部
⑧静岡サレジオ中学校
⑨静岡英和女学院中学校
⑩静岡雙葉中学校
⑪静岡聖光学院中学校
⑫静岡学園中学校
⑬静岡大成中学校
⑭城南静岡中学校
⑮静岡北中学校
⑯常葉大学附属常葉中学校
　常葉大学附属橘中学校
　常葉大学附属菊川中学校
⑰藤枝明誠中学校
⑱浜松開誠館中学校
⑲静岡県西遠女子学園中学校
⑳浜松日体中学校
㉑浜松学芸中学校

愛知県

① [国立]愛知教育大学附属名古屋中学校
②愛知淑徳中学校
③名古屋経済大学市邨中学校
　名古屋経済大学高蔵中学校
④金城学院中学校
⑤椙山女学園中学校
⑥東海中学校
⑦南山中学校男子部
⑧南山中学校女子部
⑨聖霊中学校
⑩滝中学校
⑪名古屋中学校
⑫大成中学校
⑬愛知中学校
⑭星城中学校
⑮名古屋葵大学中学校
　(名古屋女子大学中学校)
⑯愛知工業大学名電中学校
⑰海陽中等教育学校(特別給費生)
⑱海陽中等教育学校(Ⅰ·Ⅱ)
⑲中部大学春日丘中学校
新刊⑳名古屋国際中学校

三重県

① [国立]三重大学教育学部附属中学校
②暁中学校
③海星中学校
④四日市メリノール学院中学校
⑤高田中学校
⑥セントヨゼフ女子学園中学校
⑦三重中学校
⑧皇學館中学校
⑨鈴鹿中等教育学校
⑩津田学園中学校

滋賀県

① [国立]滋賀大学教育学部附属中学校
② [県立] 河瀬中学校
　　　　 守山中学校
　　　　 水口東中学校

京都府

① [国立]京都教育大学附属桃山中学校
② [府立]洛北高等学校附属中学校
③ [府立]園部高等学校附属中学校
④ [府立]福知山高等学校附属中学校
⑤ [府立]南陽高等学校附属中学校
⑥ [市立]西京高等学校附属中学校
⑦同志社中学校
⑧洛星中学校
⑨洛南高等学校附属中学校
⑩立命館中学校
⑪同志社国際中学校
⑫同志社女子中学校(前期日程)
⑬同志社女子中学校(後期日程)

大阪府

① [国立]大阪教育大学附属天王寺中学校
② [国立]大阪教育大学附属平野中学校
③ [国立]大阪教育大学附属池田中学校

④[府立]富田林中学校
⑤[府立]咲くやこの花中学校
⑥[府立]水都国際中学校
⑦清風中学校
⑧高槻中学校（A日程）
⑨高槻中学校（B日程）
⑩明星中学校
⑪大阪女学院中学校
⑫大谷中学校
⑬四天王寺中学校
⑭帝塚山学院中学校
⑮大阪国際中学校
⑯大阪桐蔭中学校
⑰開明中学校
⑱関西大学第一中学校
⑲近畿大学附属中学校
⑳金蘭千里中学校
㉑金光八尾中学校
㉒清風南海中学校
㉓帝塚山学院泉ヶ丘中学校
㉔同志社香里中学校
㉕初芝立命館中学校
㉖関西大学中等部
㉗大阪星光学院中学校

兵庫県

①[国立]神戸大学附属中等教育学校
②[県立]兵庫県立大学附属中学校
③雲雀丘学園中学校
④関西学院中学部
⑤神戸女学院中学部
⑥甲陽学院中学校
⑦甲南中学校
⑧甲南女子中学校
⑨灘中学校
⑩親和中学校
⑪神戸海星女子学院中学校
⑫滝川中学校
⑬啓明学院中学校
⑭三田学園中学校
⑮淳心学院中学校
⑯仁川学院中学校
⑰六甲学院中学校
⑱須磨学園中学校(第1回入試)
⑲須磨学園中学校(第2回入試)
⑳須磨学園中学校(第3回入試)
㉑白陵中学校
㉒夙川中学校

奈良県

①[国立]奈良女子大学附属中等教育学校
②[国立]奈良教育大学附属中学校
③[県立]国際中学校
青翔中学校
④[市立]一条高等学校附属中学校
⑤帝塚山中学校
⑥東大寺学園中学校
⑦奈良学園中学校
⑧西大和学園中学校

和歌山県

①[県立]古佐田丘中学校
向陽中学校
桐蔭中学校
日高高等学校附属中学校
田辺中学校
②智辯学園和歌山中学校
③近畿大学附属和歌山中学校
④開智中学校

岡山県

①[県立]岡山操山中学校
②[県立]倉敷天城中学校
③[県立]岡山大安寺中等教育学校
④[県立]津山中学校
⑤岡山中学校
⑥清心中学校
⑦岡山白陵中学校
⑧金光学園中学校
⑨就実中学校
⑩岡山理科大学附属中学校
⑪山陽学園中学校

広島県

①[国立]広島大学附属中学校
②[国立]広島大学附属福山中学校
③[県立]広島中学校
④[県立]三次中学校
⑤[県立]広島叡智学園中学校
⑥[市立]広島中等教育学校
⑦[市立]福山中学校
⑧広島学院中学校
⑨広島女学院中学校
⑩修道中学校
⑪崇徳中学校
⑫比治山女子中学校
⑬福山暁の星女子中学校
⑭安田女子中学校
⑮広島なぎさ中学校
⑯広島城北中学校
⑰近畿大学附属広島中学校福山校
⑱盈進中学校
⑲如水館中学校
⑳ノートルダム清心中学校
㉑銀河学院中学校
㉒近畿大学附属広島中学校東広島校
㉓AICJ中学校
㉔広島国際学院中学校
㉕広島修道大学ひろしま協創中学校

山口県

①[県立]下関中等教育学校
高森みどり中学校
②野田学園中学校

徳島県

①[県立]富岡東中学校
川島中学校
城ノ内中等教育学校
②徳島文理中学校

香川県

①大手前丸亀中学校
②香川誠陵中学校

愛媛県

①[県立]今治東中等教育学校
松山西中等教育学校
②愛光中学校
③済美平成中等教育学校
④新田青雲中等教育学校

高知県

①[県立]安芸中学校
高知国際中学校
中村中学校

福岡県

①[国立]福岡教育大学附属中学校（福岡・小倉・久留米）
②[県立]
- 育徳館中学校
- 門司学園中学校
- 宗像中学校
- 嘉穂高等学校附属中学校
- 輝翔館中等教育学校

③西南学院中学校
④上智福岡中学校
⑤福岡女学院中学校
⑥福岡雙葉中学校
⑦照曜館中学校
⑧筑紫女学園中学校
⑨敬愛中学校
⑩久留米大学附設中学校
⑪飯塚日新館中学校
⑫明治学園中学校
⑬小倉日新館中学校
⑭久留米信愛中学校
⑮中村学園女子中学校
⑯福岡大学附属大濠中学校
⑰筑陽学園中学校
⑱九州国際大学付属中学校
⑲博多女子中学校
⑳東福岡自彊館中学校
㉑八女学院中学校

佐賀県

①[県立]
- 香楠中学校
- 致遠館中学校
- 唐津東中学校
- 武雄青陵中学校

②弘学館中学校
③東明館中学校
④佐賀清和中学校
⑤成穎中学校
⑥早稲田佐賀中学校

長崎県

①[県立]
- 長崎東中学校
- 佐世保北中学校
- 諫早高等学校附属中学校

②青雲中学校
③長崎南山中学校
④長崎日本大学中学校
⑤海星中学校

熊本県

①[県立]
- 玉名高等学校附属中学校
- 宇土中学校
- 八代中学校

②真和中学校
③九州学院中学校
④ルーテル学院中学校
⑤熊本信愛女学院中学校
⑥熊本マリスト学園中学校
⑦熊本学園大学付属中学校

大分県

①[県立]大分豊府中学校
②岩田中学校

宮崎県

①[県立]五ヶ瀬中等教育学校
②[県立]
- 宮崎西高等学校附属中学校
- 都城泉ヶ丘高等学校附属中学校

③宮崎日本大学中学校
④日向学院中学校
⑤宮崎第一中学校

鹿児島県

①[県立]楠隼中学校
②[市立]鹿児島玉龍中学校
③鹿児島修学館中学校
④ラ・サール中学校
⑤志學館中等部

沖縄県

①[県立]
- 与勝緑が丘中学校
- 開邦中学校
- 球陽中学校
- 名護高等学校附属桜中学校

もっと過去問シリーズ

北海道

北嶺中学校
7年分（算数・理科・社会）

静岡県

静岡大学教育学部附属中学校
（静岡・島田・浜松）
10年分（算数）

愛知県

愛知淑徳中学校
7年分（算数・理科・社会）
東海中学校
7年分（算数・理科・社会）
南山中学校男子部
7年分（算数・理科・社会）
南山中学校女子部
7年分（算数・理科・社会）
滝中学校
7年分（算数・理科・社会）
名古屋中学校
7年分（算数・理科・社会）

岡山県

岡山白陵中学校
7年分（算数・理科）

広島県

広島大学附属中学校
7年分（算数・理科・社会）
広島大学附属福山中学校
7年分（算数・理科・社会）
広島学院中学校
7年分（算数・理科・社会）
広島女学院中学校
7年分（算数・理科・社会）
修道中学校
7年分（算数・理科・社会）
ノートルダム清心中学校
7年分（算数・理科・社会）

愛媛県

愛光中学校
7年分（算数・理科・社会）

福岡県

福岡教育大学附属中学校
（福岡・小倉・久留米）
7年分（算数・理科・社会）
西南学院中学校
7年分（算数・理科・社会）
久留米大学附設中学校
7年分（算数・理科・社会）
福岡大学附属大濠中学校
7年分（算数・理科・社会）

佐賀県

早稲田佐賀中学校
7年分（算数・理科・社会）

長崎県

青雲中学校
7年分（算数・理科・社会）

鹿児島県

ラ・サール中学校
7年分（算数・理科・社会）

※もっと過去問シリーズは
国語の収録はありません。

教英出版
〒422-8054
静岡県静岡市駿河区南安倍3丁目12−28
TEL 054-288-2131
FAX 054-288-2133
詳しくは教英出版で検索
教英出版 検索
URL https://kyoei-syuppan.net/

①

2024年度（令和6年度）

福山市立福山中学校入学者選《せん》抜《ばつ》

適　性　検　査

検査１　問題

（ 時間 45分 ）

【注意事《じ》項《こう》】

1　指示があるまで，中を見てはいけません。

2　問題用紙に，受検番号と名前を記入しなさい。
　（受検番号は入学者選抜受検票の番号です。）

3　２枚の解答用紙に，それぞれ受検番号を記入しなさい。

4　問題は，５つあります。

5　解答は，全て解答用紙に記入しなさい。

6　解答用紙の※印のあるところには，記入してはいけません。

7　問題用紙の余白は，メモに使っても構いません。

受検番号	第　　　　番	名　前	

だいちさんとみどりさんは，とう器の貯金箱に貯めているお金について話をしています。

友だちの誕生日プレゼントを買おうと思って，貯金箱にお金を貯めているよ。

いくらぐらい貯まっているのかな。

3500 円をこえたところまでは，記録していたけど，そこから記録することを忘れてしまったよ。いくらぐらい貯まっているか知りたいけど，貯金箱を割らないといけないから困っているよ。

割らずにいくらぐらい貯まっているか予想したいね。
貯金箱の大きさはどれくらいで，何円硬貨《こうか》を入れているのかな。

貯金箱の大きさはソフトボールと同じぐらいで，50 円硬貨と 100 円硬貨を入れているよ。

硬貨についてインターネットで調べてみたよ。

硬貨の種類	1 枚の重さ
50 円	4 グラム
100 円	4.8 グラム

資料　硬貨の種類と重さ

お金が入っている貯金箱の重さを量ったら，420 グラムだったよ。

空の貯金箱の重さを設定して，貯金箱の中の金額を予想してみよう。

問題 1　設定した空の貯金箱の重さ，貯金箱に貯まっていると予想する 50 円硬貨と 100 円硬貨の枚数，そして合計金額を 1 通り答えなさい。また，そのように予想した理由を説明しなさい。ただし，空の貯金箱の重さは，あなた自身が決めるものとする。

だいちさんとみどりさんは，以前いっしょに遊んだ糸電話のことについて話をしています。

紙コップと 3mの太いタコ糸で糸電話を作って遊んだね。
話している人の声のふるえがコップや糸に伝わって，聞いている人のコップ中の空気をふるわせることで聞こえるんだね。空気のふるえが大きいと，声も大きく聞こえるね。

声は聞こえたんだけど，思っていたより小さかったよ。どうやったら，もっと大きく聞こえるかな。

糸の長さを変えてみたら，空気のふるえが大きくなるかもしれないね。

目に見えない空気のふるえも，機械を使えば調べられるんじゃないかな。実験してみよう。

実験１

糸電話の片方のコップに向けてスピーカーから音を出し，もう片方でどれくらい聞こえているのかを調べる。

糸電話の条件

・コップの種類：紙コップ
・糸の種類　　：太いタコ糸
・糸の長さ　　：2m，3m

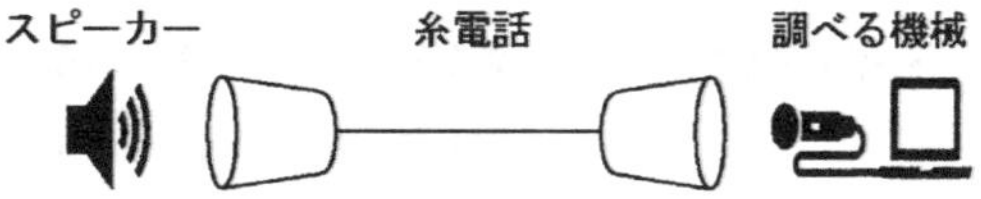

実験結果は，資料１・２のようになったよ。
グラフが波のようになっていて，ふるえているのがよくわかるね。

グラフは，縦軸《たてじく》が空気のふるえの大きさを表しているんだね。
縦のはばが大きくなると空気のふるえが大きいということだね。
横軸は時間を表しているね。

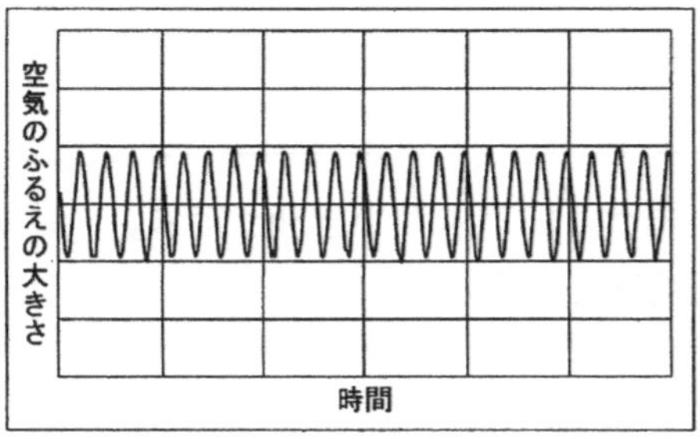

資料１　紙コップと太いタコ糸 3mで作った糸電話の空気のふるえの様子

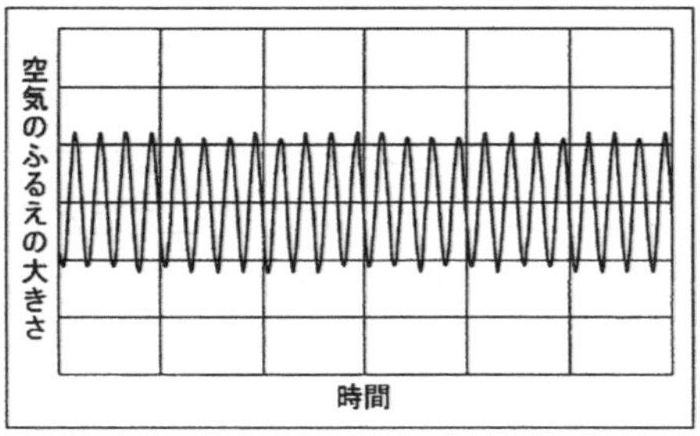

資料２　紙コップと太いタコ糸 2mで作った糸電話の空気のふるえの様子

糸が 3mのときと比べて，2mのときに少し大きくなったけど，あまり変わらないね。もっと大きな音が聞こえるようにするには，条件を変えないといけないね。

もっと大きな音になるような条件を探すために，実験してみよう。

実験２

糸電話の条件を変えて，空気のふるえの大きさを調べる。

糸電話の条件

・コップの種類：紙コップ，プラスチックコップ，スチールコップ
・糸の種類　　：太いタコ糸，細いタコ糸，太い釣《つ》り糸，細い釣り糸，太い針金，細い針金
・糸の長さ　　：2m，3m，4m

実験結果を，資料３にまとめたよ。

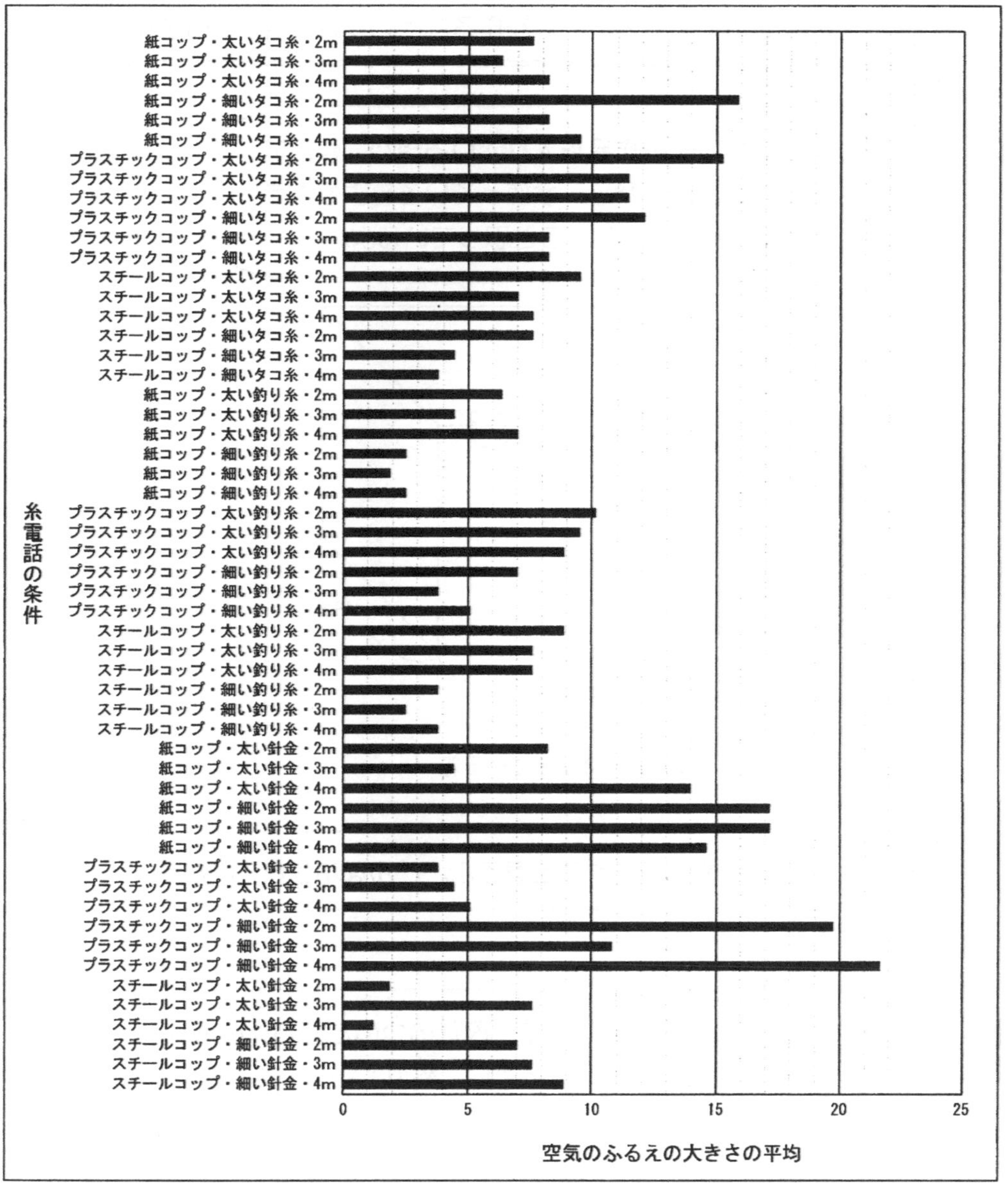

資料3　糸電話の条件を変えたときの空気のふるえの大きさの平均

問題2　実験1の「紙コップ・太いタコ糸・3m」で作った糸電話の3つの条件のうち2つを変えて，もっと大きな音（2倍以上の空気のふるえの大きさ）で聞こえる糸電話を作るためには，どのような条件にすればよいか，資料3をもとにその条件を答えなさい。また，その条件にした理由を「空気のふるえの大きさの平均」にふれながら説明しなさい。

だいちさんとみどりさんは，箱を作ることについて話しています。

妹が作った折り紙の作品を入れている箱が，作品でいっぱいになるよ。だから，今使っている箱より大きい箱を作ってプレゼントしようと思っているよ。

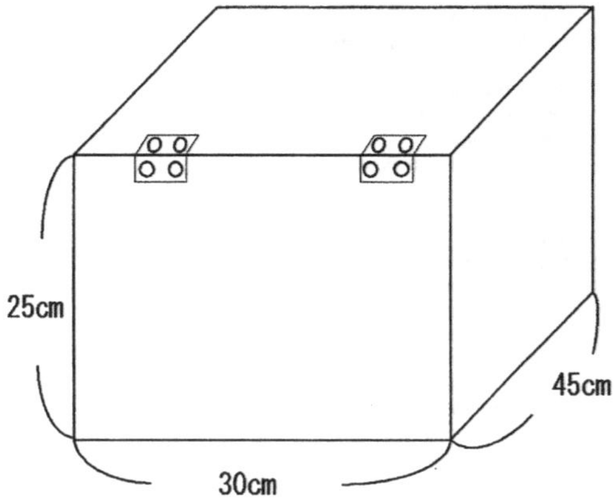

資料１　今使っている箱

きっと喜んでくれると思うよ。どんな箱を作るのかな。

板を切ったりつないだりして，ふたのついた直方体の箱を作ろうと思っているよ。そのために，縦《たて》100cm，横 80cm の１枚の板を６枚に切りはなそうと考えているよ。

まずは，６ 枚の板をどのくらいの大きさにするか考えてみる必要があるね。

②

二〇二四年度（令和六年度）

福山市立福山中学校入学者選抜《せんばつ》

適性検査

検査２ 問題

（時間 四十五分）

【注意事項《じこう》】

1 指示があるまで、中を見てはいけません。

2 問題用紙に、受検番号と名前を記入しなさい。
（受検番号は入学者選抜受検票の番号です。）

3 二枚の解答用紙に、それぞれ受検番号を記入しなさい。

4 問題は、二つあります。

5 解答は、全て解答用紙に記入しなさい。

6 解答用紙の※印のあるところには、記入してはいけません。

7 問題用紙の余白は、メモに使っても構いません。

受検番号
第　　番

名前

次の文章を読んで、あとの問題に答えなさい。

ここでひとつ意識するといいのは、人は「共通点」ではなく、「相違点《そういてん》」で結びつくということです。共通点があるから話が弾《はず》んで、仲よくなれるんじゃないの、と思うかもしれない。それはそうです。でも、共通点だけだと、もの足りないものなんです。

よい友人は、何かしら自分と違《ちが》うところがあるひとだ、と思います。

この世に二人として同じ人間はいないのだから、誰《だれ》でも自分と、どこか違ってはいる。だから、相手が、自分と違うところがあるよい友人になるかどうかは、自分にかかっている。自分と違うところを、どう相手に見つけられるか。その違いを楽しめるか。そこがポイントなんです。

「学び」とは、知らなかったことを知ること。わからなかったことをわかること、でした。

人間同士の「学び」とは、相手のなかに、自分が知らないこと、わからないことがあって、はじめて成り立つ。

「違い」は、知らない、わからない、の源泉です。「違い」を見つけると、知らないことを知ること、わからないことをわかることにつながっていく。これを人間同士の「学び」と呼ばないで、どうしよう。

「違い」はまた、「敬意」の源泉でもある。

「あの人は、自分と違って、こういうところが素敵」「あの人は、自分と違って、こういうことができてすごい」——大事なのは、これはお互《たが》いさまだ、としっかりわかっておくことです。そうでないと、人と自分を比べて落ち込《こ》むことになってしまう。もちろん、友人は選び選ばれるものだから、自分みがきを怠《おこた》ってはいけないんだけど。

自分にない何かが相手にはある。それと同様に、相手にない何かが自分にはある。そしてその「お互いに異なる何か」をもって、お互いをリスペクトしている。

相手が自分をリスペクトしてくれているに違いないと思うと、自分に対するポジティブなイメージ、自己肯定感《じここうていかん》が高まります。同様に自分が相手をリスペクトすることで、相手の自己肯定感も高まっているに違いない。

このように［　㋐　］というのが、本当のよい友人関係です。

（橋爪《はしづめ》　大三郎《だいさぶろう》「人間にとって教養とはなにか」による。）

（注）　リスペクト…尊敬の気持ち。　ポジティブ…積極的で前向きな様子。
自己肯定感…ありのままの自分でよいと認める感覚。

問題１　①　**筆者の考えをふまえて、［　㋐　］に入る言葉を六十字以内で書きなさい。**

②　**筆者の考える「本当のよい友人関係」を築いていくために、あなたはこれからの中学校生活で、どのようなことをがんばっていきたいと考えますか。具体的な場面を想定して三百字以内で書きなさい。**

だいちさんの学校では、総合的な学習の時間に「防災」について学習をしています。防災への取組について、防災新聞を作って学校のみんなに知ってもらうことにしました。次の資料を読んで、あとの問題に答えなさい。

資料①

「災害に強いまち」とは、今後発生が想定される災害（地震《じしん》、水害等）からまちを守り、被害《ひがい》を最小限に止めることができるまちのことをいいます。そのためには、ハードの整備とソフト施策《しさく》が必要です。ハードの整備とは、川の水があふれたりダムがくずれて洪水《こうずい》が起こったりすることを防ぐために対策をすることです。その他にも大地震が起きても、こわれにくい建物を増やすことや、救急車や消防車が活動しやすいように道路を整備すること等が挙げられます。ソフト施策とは情報や訓練等で得られる災害対策のことです。例えば、ハザードマップの作成や防災教育の実施《じっし》がこれにあたります。ハザードマップとは、災害が発生したときに危険と思われるところや災害時の避難《ひなん》場所等を地図にまとめたものです。

資料②

福山市では、現在、国や県と協力し浸水《しんすい》対策に取り組んでいます。これまでに実施した対策では、水の通りをよくするために水路の整備として河川の樹木を伐採《ばっさい》したり土砂を撤去《てっきょ》したりしました。また、排水《はいすい》ポンプ車の配備も行いました。排水ポンプ車は、台風や集中豪雨《ごうう》による浸水が発生した際に現場に素早くかけつけ、あふれた水を川へ流す作業を行うものです。さらに、市内各所に排水ポンプ場の整備も進めています。また、二〇二一年八月には、松永中学校のグラウンドの地下に雨水を一時的に貯めておく貯水施設《しせつ》が完成しました。この施設は、大雨の際に水路から雨水を流入させ、一般的《いっぱんてき》な二十五ｍプール約三杯分《さんばいぶん》にあたる雨水を貯めることができます。貯めた雨水は、晴天時に水路へポンプにより排出《はいしゅつ》します。

資料③

災害時には、いつも使用しているトイレが使用できなくなります。だからできるだけトイレに行かないよう食事や水分をとらないため体調不良になり、重い病気にかかることがあります。したがって、災害時にトイレが確保できるかは命に関わる問題です。マンホールトイレとは、マンホールの上に便座やパネルを設け、災害時に素早くトイレ機能を確保するものです。下水道につながっているため、くみ取りが不要で衛生的です。東日本大震災時には宮城県東松島市で使用され、熊本地震の際には熊本県熊本市で使用されました。マンホールトイレの整備は、下水道事業を実施している地方公共団体のうち約四割しか取り組んでいない状況《じょうきょう》にあります。そのため、マンホールトイレの整備を積極的に進めていくことが求められています。福山市では、緑町公園や駅家公園、竹ケ端《たけがはな》運動公園、中央公園に全部で六十八基が整備されています。

1※

問題 2

条　件	

〔理由〕

2※

問題 4

選んだ資料	3　4　5
〔資料からわかること〕	
〔関連づけてわかること〕	

4※

問題 5

A	⇒		⇒		⇒		⇒		⇒		⇒		⇒		⇒		⇒		⇒	J

A	⇒		⇒		⇒		⇒		⇒		⇒		⇒	J

5※

検査2 解答用紙

受検番号

第　　　番

※

※80点満点
（配点非公表）

問題1

①

60

②

2-2

250

200

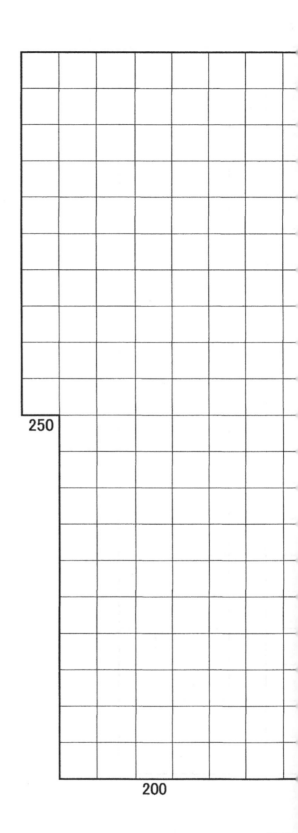

検査2　解答用紙

受検番号

第　　番

問題2

記号

「災害に強いまち福山」

※

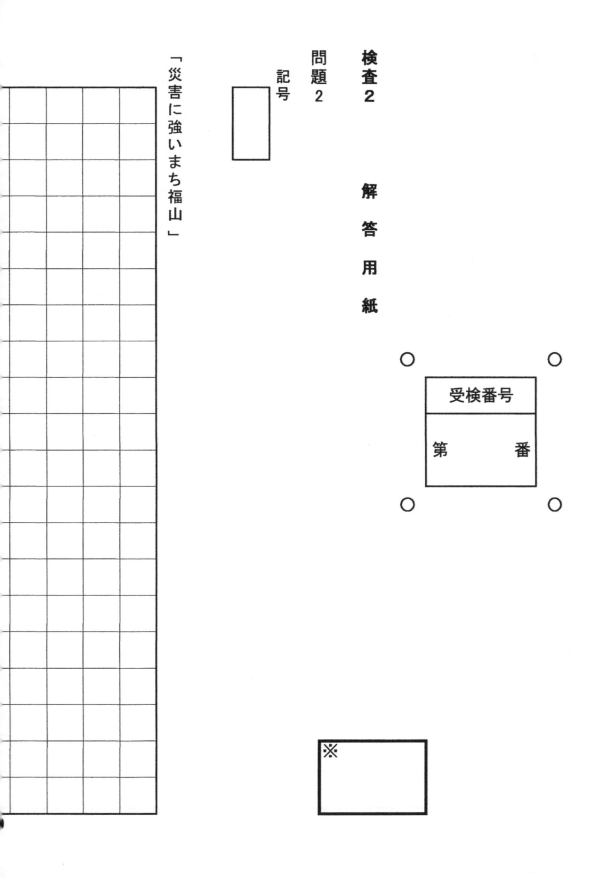

2-1

300 200 100

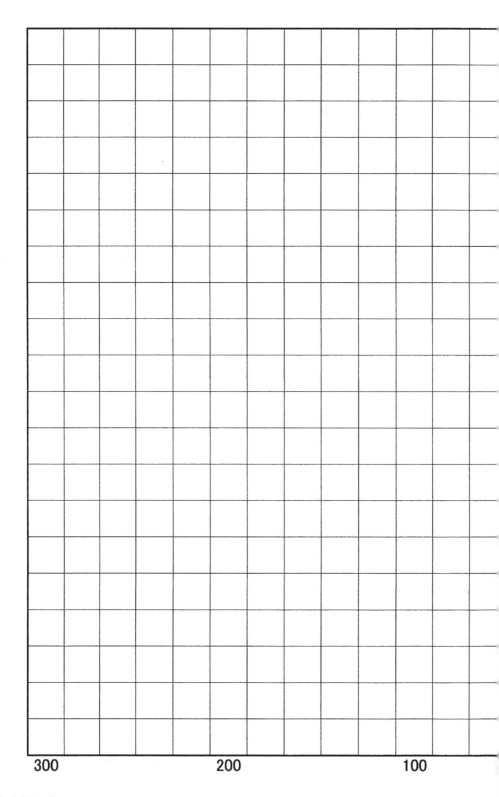

(1-2)

受検番号	第　　　　番

※

検査１　解答用紙

問題３

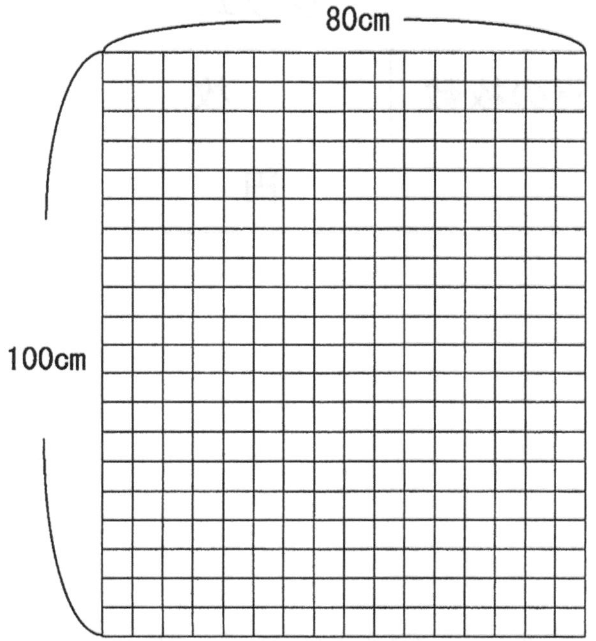

〔理由〕

3※

受検番号	第　　　　番

※

※120点満点
（配点非公表）

検査１　解答用紙

問題１

設定した空の貯金箱の重さ			グラム
50 円硬貨の枚数	枚	100 円硬貨の枚数	枚
合計金額			円

〔理由〕

【解答

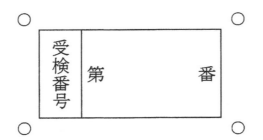

【防災新聞の構成】

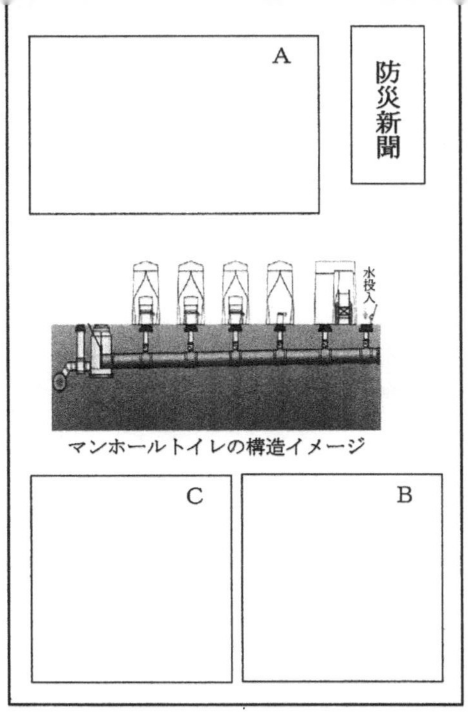

マンホールトイレの構造イメージ

三つの記事】

「みんなでできること」

自分自身や家族の安全を確保した後に、近所や地域の方がたと助け合うことが重要です。実際、一九九五年に起こった阪神・淡路《あわじ》大震災では、地域住民が自ら進んで救出・救助活動をして多くの命を救いました。また、人びとの助け合いが必要なのは、災害発生直後の救出活動だけではありません。その後の避難生活から地域社会の復興に至るまで、全ての過程で重要な要素であり続けます。

「自分でできること」

災害が発生したときに、まず自分自身や家族の身の安全を守ることが大切です。誰《だれ》かに指示されるのを待っていてはだめです。地震や大雨の情報を自分で得て自分で判断することが、自分自身の安全を守るということです。そのためには、自分で、そして家族で防災に取り組むことが必要です。具体的には、食料や飲料水の備蓄《びちく》をしたり、避難経路の確認をしたりすること等です。

「災害に強いまち福山」

題2　あなたは、三つの記事の配置を考えることと、「災害に強いまち福山」の記事を作成することになりました。「防災新聞」のA・B・Cのどの位置に「災害に強いまち福山」の記事を配置するかを考え、その記号を一つ書きなさい。また、「災害に強いまち福山」の記事を資料①・資料②・資料③の表現を使って、二百五十字以内で書きなさい。

これで、検査2の問題は終わりです。

板と同じ大きさで，１めもりが5cmの工作用紙を準備したよ。

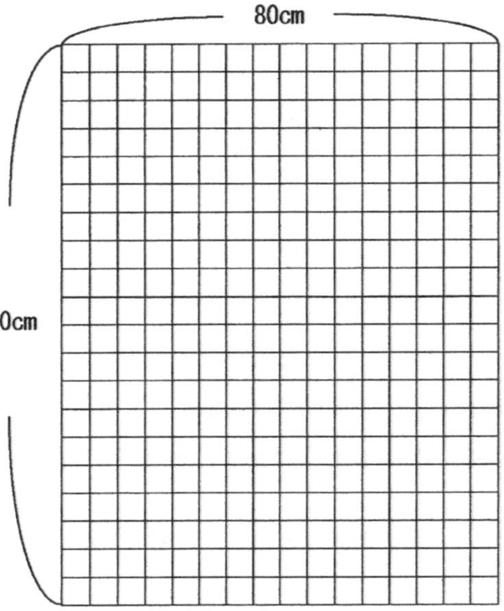

資料２　工作用紙

この工作用紙を使うと，切りはなす６枚の板の大きさを考えることができるね。うまく計画できたかな。

どのように切ればよいか，工作用紙のめもりに沿って試しに線を書き入れてみたよ。でも，板の切れはしや余りが出てきそうだよ。

余りが出ない切り方もあると思うよ。

問題３　２人の会話をもとに，余りが出ない切り方になるよう工作用紙に線を書き入れなさい。また，なぜそのように書き入れたか，箱の体積についてふれながら，理由を説明しなさい。ただし，板の厚みは考えないものとする。

だいちさんとみどりさんは，水と衣料品について話をしています。

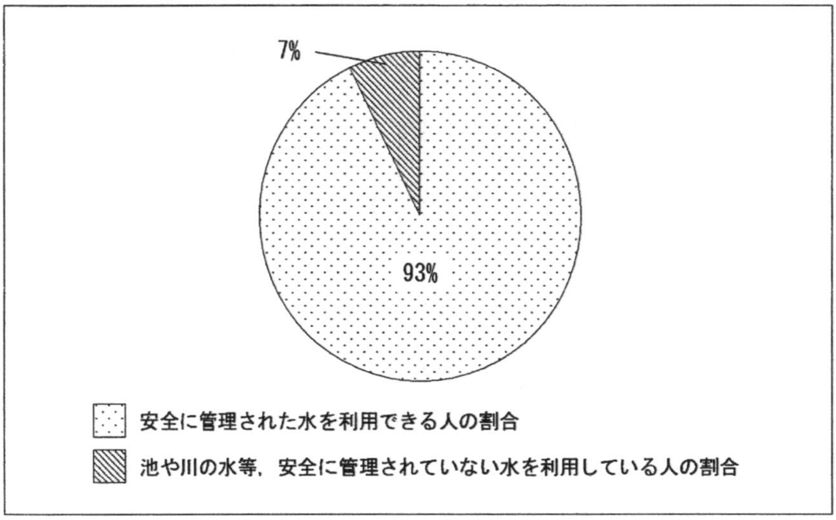

資料１　世界の人びとの水の利用状《じょう》況《きょう》

安全に管理されていない水を利用している人がいるね。

水に関係する資料が他にもあったよ。

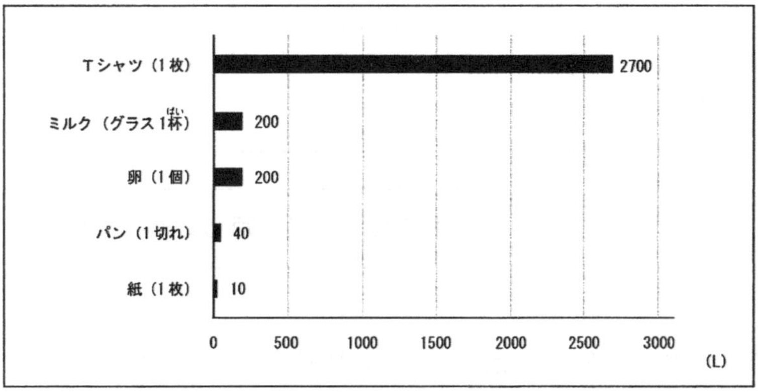

資料２　身近なものを作る過程で使われる水の量

Ｔシャツを１枚作る過程で，2700Ｌの水を使うんだね。

日本国内の衣料品の資料があったよ。水と衣料品の関係について考えてみよう。

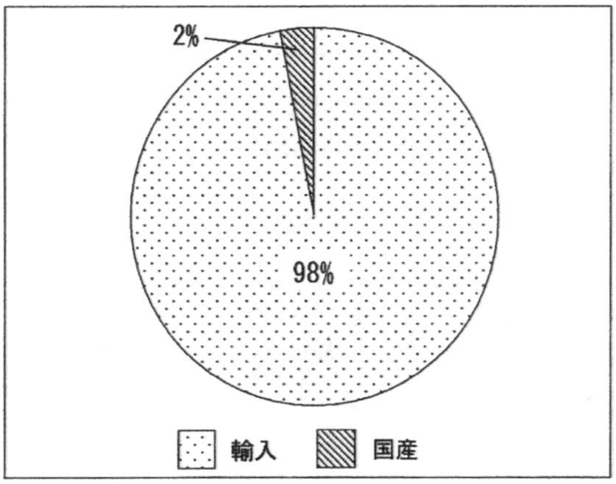

資料３　ある年の衣料品の輸入・国産の割合

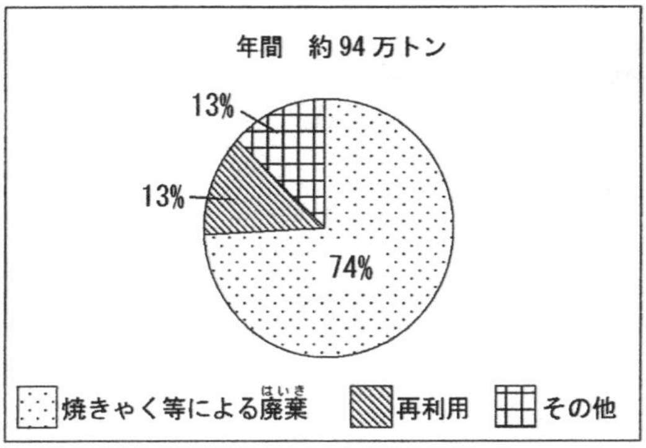

資料４　ある年の不要になった衣料品の処理方法の割合

購入《こうにゅう》枚数	保有していた衣料品のうち手放す枚数	保有していた衣料品のうち着用しない枚数
約18枚	約12枚	約25枚

資料５　ある年の１人あたりの衣料品購入枚数等の状況

問題４　　資料３・４・５のうち１つ選び，解答らんの資料番号に○をつけ，わかることを答えなさい。また，選んだ資料と資料１・２を関連づけて，水と衣料品についてわかることを答えなさい。

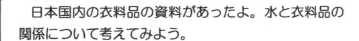

だいちさんとみどりさんは，パソコンで作ったゲームについて話をしています。

トラックを動かして，荷物を倉庫まで運ぶゲームを作ってみたよ。
ゲームの図，ルールは次の通りだよ。

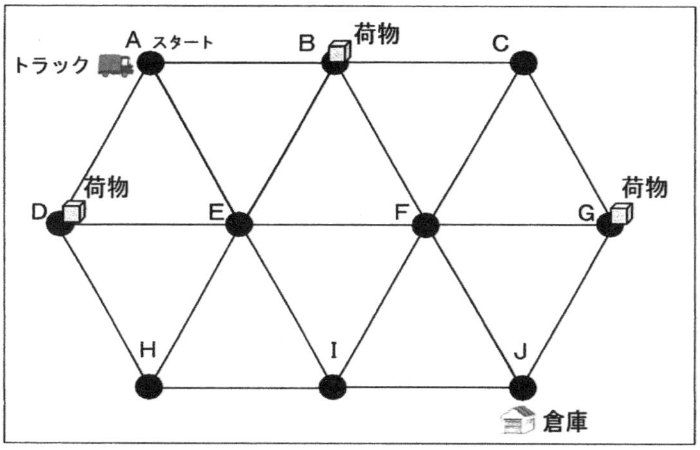

資料１　ゲームの図

【ゲームのルール】

- トラックは点Ａをスタートして，線の上を進むことができる。
- １つの点から次の点まで進むのに，１秒かかる。
- 荷物が置いてある点を通ると，その荷物をのせる。
- 点Ｊの倉庫を通ると，その時点でのせている荷物を全ておろす。
- 荷物をのせたり，おろしたりする時間はかからないものとする。
- 荷物をのせて次の点に進む場合，かかる時間は，荷物１個につき３秒ずつ増える。
- 全ての荷物を倉庫に運ぶ。

資料２の道順が，きっと最も短い時間で運べるよ。かかる時間は33秒になるよ。

道順	A	⇒	D	⇒	E	⇒	B	⇒	C	⇒	G	⇒	J	合計
距離《きょり》でかかる時間（秒）		1		1		1		1		1		1		33
荷物で増える時間（秒）		0		3		3		6		6		9		

資料２　だいちさんの考えた道順

でも，本当にその道順が最も短い時間なのかな。もっと短い時間で運べる道順があると思うよ。

あっ！28秒の道順を見つけたよ。しかも，いくつか道順がありそうだね。

問題５　28秒で荷物を運べる道順を２つ答えなさい。ただし，通った点は全て書くものとする。

A	⇒		⇒		⇒		⇒		⇒		⇒		⇒		⇒		⇒		⇒	J	合計
																					28

A	⇒		⇒		⇒		⇒		⇒		⇒		⇒	J	合計
															28

これで、検査1の問題は終わりです。

①

2023年度（令和5年度）

福山市立福山中学校入学者選抜《せんばつ》

適　性　検　査

検査1　問題

（ 時間 45分 ）

【注意事項《じこう》】

1　指示があるまで，中を見てはいけません。

2　問題用紙に，受検番号と名前を記入しなさい。
　（受検番号は入学者選抜受検票の番号です。）

3　２枚の解答用紙に，それぞれ受検番号を記入しなさい。

4　問題は，７つあります。

5　解答は，すべて解答用紙に記入しなさい。

6　解答用紙の※印のあるところには，記入してはいけません。

7　問題用紙の余白は，メモにつかってもかまいません。

受検番号	第　　　　番	名　前	

だいちさんとみどりさんは，サイコロをたおして進んだ時の，目の変わり方について話をしています。

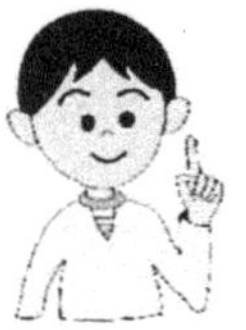

マス目の上でサイコロをたおして進んでいくと，たおす回数が同じでも，進む道すじによって，サイコロの上の目が変わるよ（図１）。

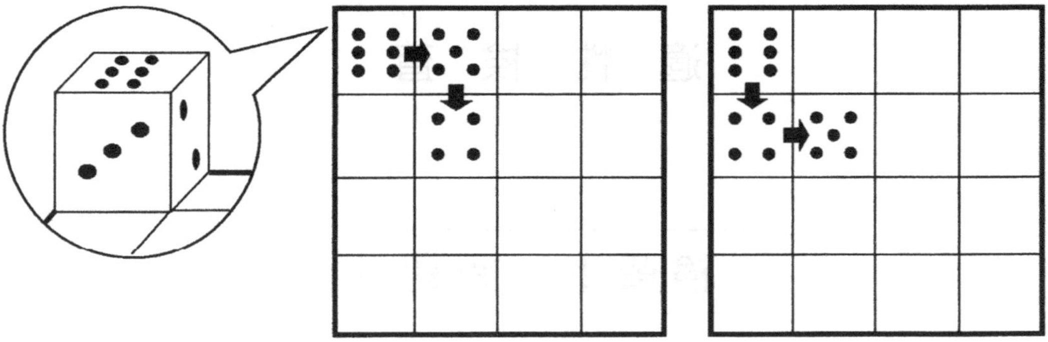

図１　進む道すじとサイコロの上の目の関係

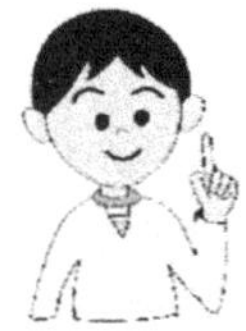

左上のマス目をスタートにし，右下のマス目をゴールにしたよ。スタートからサイコロを６回たおして，ゴールした時，その道すじを記録したら，図２のようになったよ。

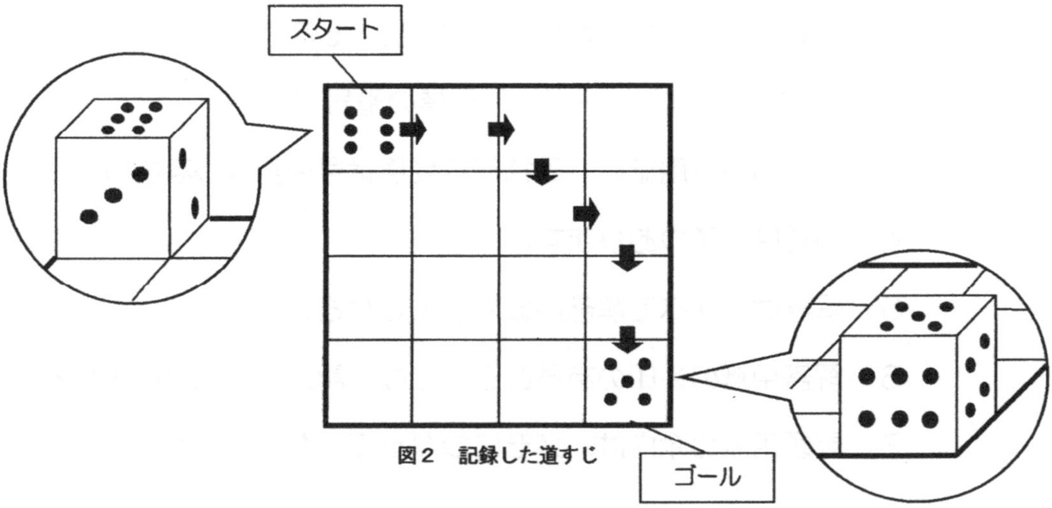

図２　記録した道すじ

他の道すじはあるのかな。

問題１　　スタートからサイコロを６回たおしてゴールした時，上の目が  になる道すじを，矢印で表しなさい。ただし，図２で示した道すじは除くこととする。

問題２　　問題１で答えた道すじでゴールしたサイコロの面ア，イの目を，正確にかきなさい。

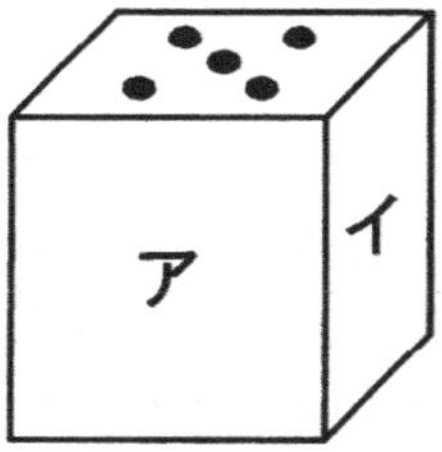

だいちさんとみどりさんは，使いすてカイロの性質について話をしています。

寒くなると使いすてカイロがとても便利だね。ところで，使いすてカイロは，どうして温かくなるのだろう。

使いすてカイロがどんなものでつくられているのか，ふくろのうらの説明（図１）に，書いてあるよ。原材料名は，たくさん使われているものから順に書かれていると聞いたよ。

【品　名】使いすてカイロ
【原材料名】鉄粉，水，活性炭※1，バーミキュライト※2，吸《きゅう》水《すい》性《せい》樹《じゅ》脂《し》※3，食塩
【使用方法】①使用直前にふくろから使いすてカイロを取り出す。
②温度が下がった時は軽くふる。

※１　小さな穴がたくさんあいた炭。
※２　すき間がたくさんあいた土。
※３　水を保つことができるもの。

図１：ふくろのうらの説明

鉄粉が一番多く使われているね。使いすてカイロが温かくなる理由は，ろうそくが燃えて熱が出る時と同じかな。

ろうそくが燃える時は，酸素を使って，二酸化炭素を出していたね。実験をして調べてみよう。

実験

① 使いすてカイロと温度計を密閉式ビニールぶくろに入れる。
② 空気を入れた状態で密閉し，４時間置いておく。
③ 実験後の密閉式ビニールぶくろの中の酸素と二酸化炭素のそれぞれの割合を気体検知管で調べる。

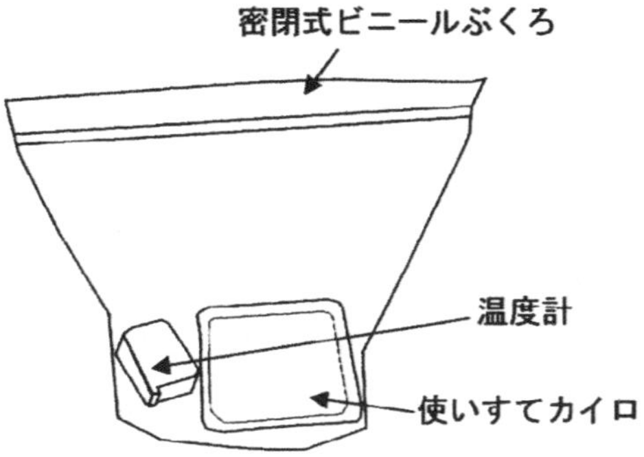

図２：実験用具

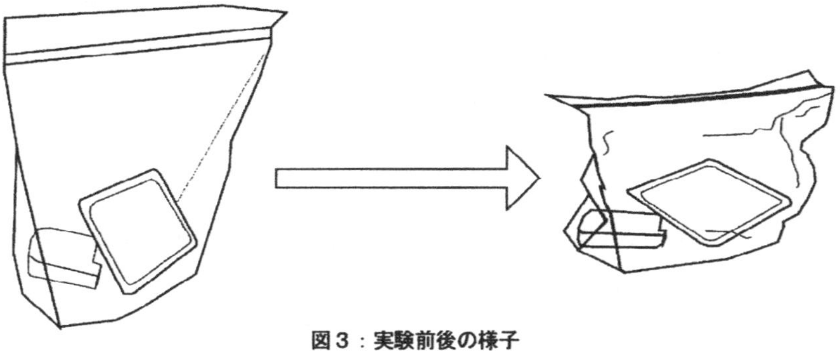

図３：実験前後の様子

	実験前	実験後
酸素	21%	６%以下 （検出限界※以下）
二酸化炭素	0.04%	0.04%

※使用した気体検知管が測定できる最小の値

表１：酸素と二酸化炭素の割合

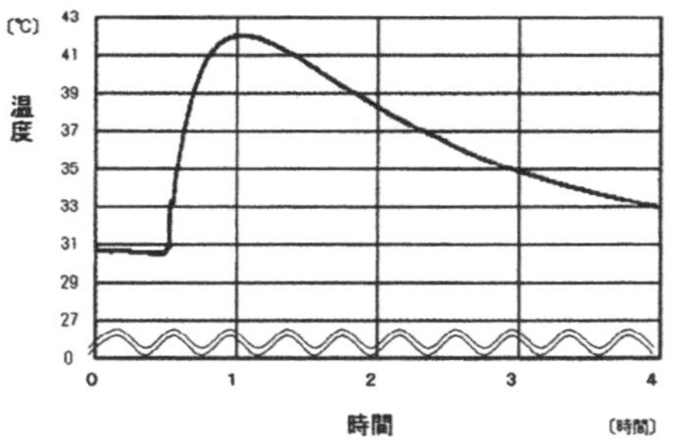

図４：時間と温度変化のグラフ

問題３　二人は，使いすてカイロが温かくなる理由は，ろうそくが燃える時とはちがうと判断しました。その理由を答えなさい。

問題４　二人は，使いすてカイロについてさらに疑問をもちました。どのような疑問だったのかを予想し，その疑問をどのように解決すればよいかを答えなさい。

だいちさんとみどりさんは，おかしの箱を入れる紙ぶくろについて話をしています。

おかしの箱（図１）が２つ入る紙ぶくろを探しているけど，ないかな。

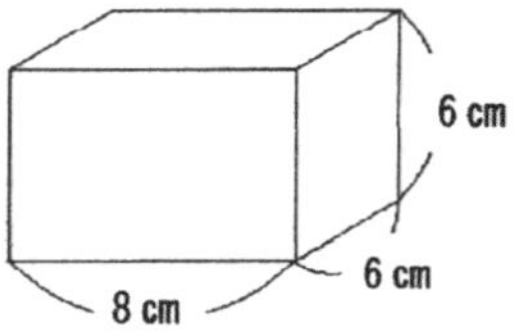

図１　おかしの箱

持っていないわ。でも，紙（図２）があるよ。この紙で，おかしの箱がはみださないような紙ぶくろを作ってみたらどうかな。

紙ぶくろの底面は，２つの箱がすきまなくおさまるようにしたいな。

紙を使って，図３のように紙の一部をはさみで切り取るよ。図３の太線にそって折り，テープでとめると図４のような紙ぶくろができるよ。

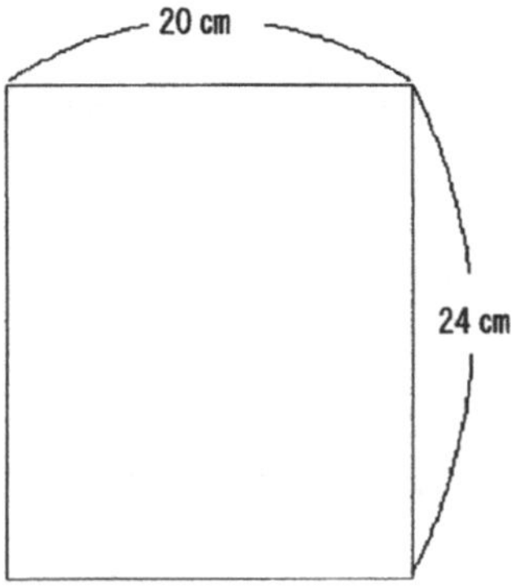

図２　紙ぶくろに使う紙

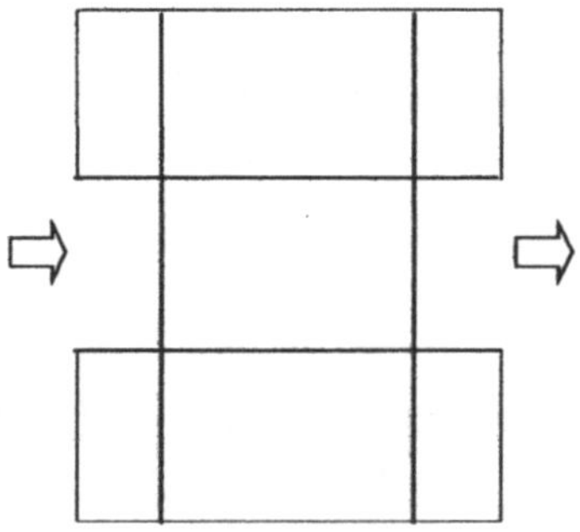

図３　一部を切り取った紙

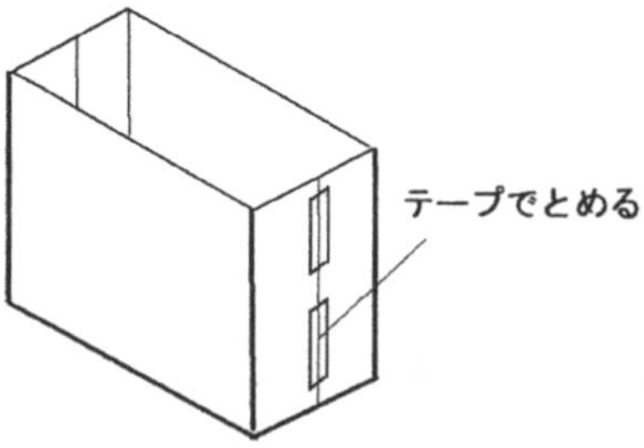

図４　紙ぶくろ

②

二〇二三年度（令和五年度）
福山市立福山中学校入学者選抜《せんばつ》
適性検査

検査２問題

（時間　四十五分）

【注意事項《じこう》】

1 指示があるまで、中を見てはいけません。
2 問題用紙に、受検番号と名前を記入しなさい。
（受検番号は入学者選抜受検票の番号です。）
3 二枚の解答用紙に、それぞれ受検番号を記入しなさい。
4 問題は、二つあります。
5 解答は、すべて解答用紙に記入しなさい。
6 解答用紙の※印のあるところには、記入してはいけません。
7 問題用紙の余白は、メモに使ってもかまいません。

受検番号
第　　　番

名前

2023(R5) 福山市立福山中
K 教英出版

さいたま市立大宮国際中等教育学校

適性検査

1 問題用紙の余白は、メモ・下書きに使ってもかまいません。

2 解答用紙の※印のあるところは、記入してはいけません。

3 答えは、すべて解答用紙に記入しなさい。

の文章を読んで、あとの問題に答えなさい。

「生き延びる力」とはなんのことでしょう？

とりあえず、原始時代の人々の暮らしを想像してみてください。動物をつかまえたり、木の実を取って食べたりしていたころの人たちのことです。そんな時代でも、やはり子どもたちを「教育」するというしくみはあったはずです。今のような形のものではなかったにせよ、「学校」のようなものはあったはずです。

かりをする集団であれば、ある程度の年れいに達した子どもたちに「かりのしかた」を教える。どうやってえものを探すのか、どうやって矢を射るのか、どうやって危険を察知するのか、などなどを教える。魚をつることで食料を得ている集団なら魚のつり方を教える。木の実の採取をしている集団なら木の実の探し方を、畑を作って食べ物を作り出している集団なら農耕のしかたを、それぞれ子どもたちは教えられたはずです。

でも、それだけじゃありません。どうやって仲間と協力し合って生きるか、どうやって結こん相手を見つけ出して自分の家族をつくり出すか、どうやって部族の伝統である食文化や宗教を次の世代に伝えるか、そういったこともまた、どれも「生き延びる」ために、どうしても学んでおかなければならないことでした。

【中略】

でも、今の学校では「食料を得るため」の能力を学ぶことだけが求められています。今の社会では「食料を得る」ためには食べ物をお金で買うわけですから、それは「お金をかせぐ」ことと同じだと見なされる。ですから、みんなが「お金をかせぐ」ためにどうすればいいのか、それだけを学ぼうとする。

そういう勉強のしかたもあって当然です。それはかりをする部族で子どもたちがまずかりの技術を身に付けようとするのと変わりません。でも、それだけではダメなんです。生き延びるためには、どうやって仲間たちと支え合うのか、どうやって協力し合うのか、そのための技術も同時に、同じくらいに熱意を持って学ばなければならない。

すごく目のいい人は遠くを見通して、その力をみんなの役に立てることができます。力のある人はその力を使ってみんなが持ち上げられないものを運ぶことができます。鼻のいい人は何かがこげているときにいち早く警告を発することができます。一人ひとりの能力はそういうふうに「みんなで」分かち合って、使うものです。

（内田《うちだ》　樹《たつる》「子どもはなぜ勉強しなくちゃいけないの？」による。）

（注）原始時代…人がまだ自然のままに狩《か》りなどをしながら生活していた時代。
察知する…感じとること。　部族…一つのまとまりをもった人々の集団。

問題1　筆者の考えをふまえて、あなたは「生き延びる力」をどう身に付けようとしていますか。あなたの経験をもとに三百字以内で書きなさい。

次の会話文は、だいちさんとみどりさんが、テレビのインタビューを受けた時のものです。これを読んで、あとの問題に答えなさい。

福山テレビの人　こんにちは、福山テレビです。今、福山市の特徴《とくちょう》や街の魅力《みりょく》について、インタビューをしています。福山市の特徴と魅力を教えてください。

だいちさん　回答1

福山テレビの人　なるほど。福山は特徴があって、魅力いっぱいの街ですね。その中でもばらが美しく咲いているのが印象的です。福山のばらは世界からも注目が集まっていると聞きました。

だいちさん　はい！二〇二五年に世界バラ会議が福山で行われる予定です。

福山テレビの人　そうなのですね。なぜ世界バラ会議が福山で行われることとなったのか教えてもらえますか？

みどりさん　回答2

みなさんも、ぜひ「ばらのまち福山」に来てみてください！

福山テレビの人　ご協力ありがとうございました。

問題2　回答1・回答2に入る文章を前後の会話の内容と合うように書きなさい。ただし、回答1は【資料1】の文章を要約して二百字以内で書くこと。回答2は【資料2】【資料3】【資料4】の表現を使って、二百字以内で書くこと。

3※

問題４

4※

6※

問題７

式と答え

〔説明〕

7※

検査2 解答用紙

受検番号
第　　　　番

※

※80点満点
（配点非公表）

問題1

00

2-2

回答2

200

100

200

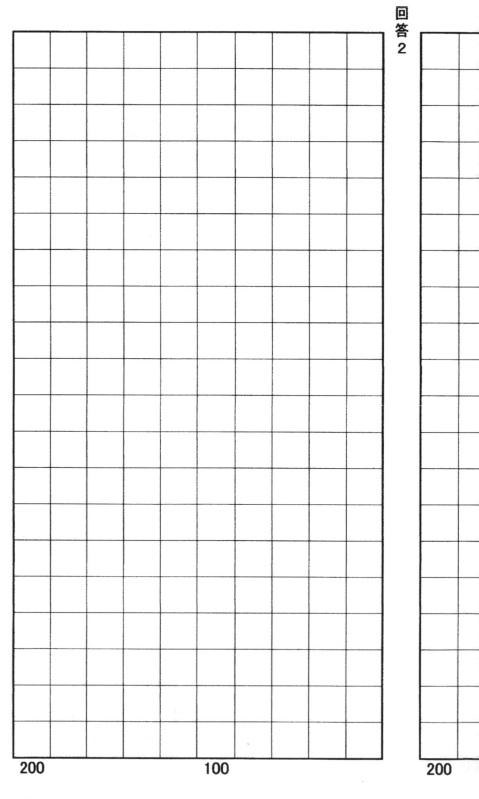

検査2　解答用紙

受検番号

第　　番

問題2

回答1

100

※

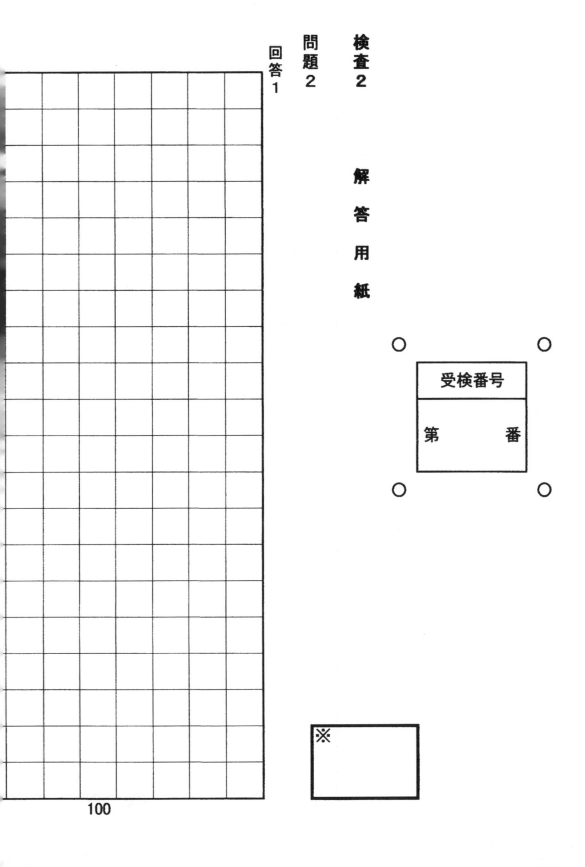

2-1

300

200

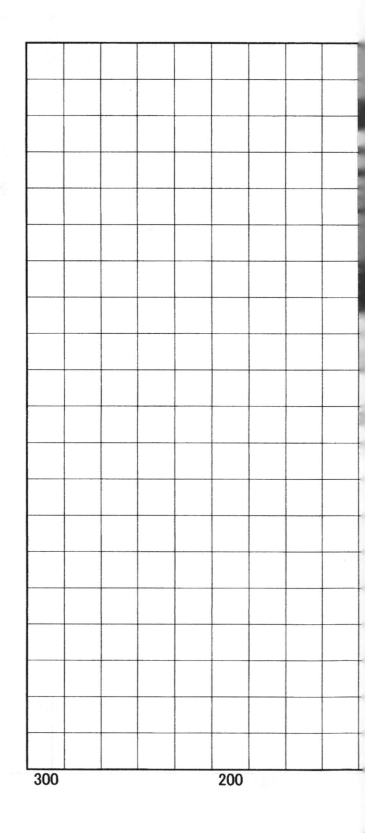

1-2

受検番号	第　　　　番

検査１　解答用紙

※

問題５

5※

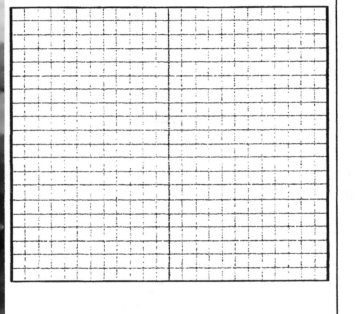

1−1

受検番号	第　　　　番

※

※120点満点
（配点非公表）

検査１　解答用紙

問題１

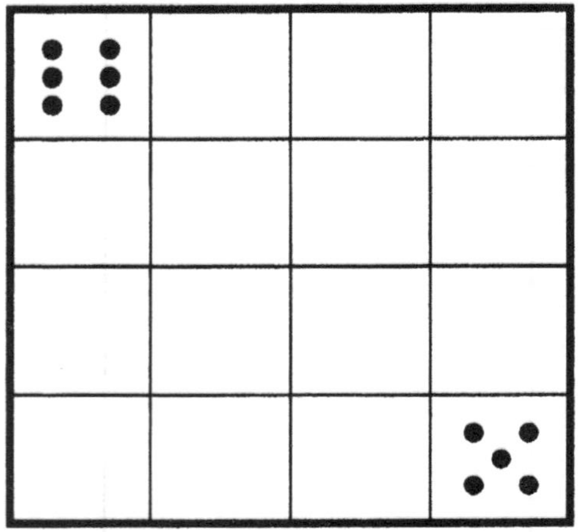

問題２

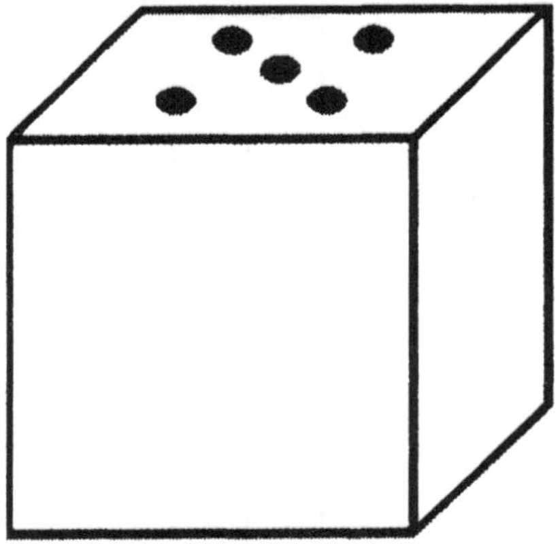

1※

2※

問題３

【解答用

料1】

福山市は広島県の南東に位置しています。現在、人口は約四十七万人で、広島県では広島市に次ぐ第二位人口です。交通のアクセスもよく、新幹線「のぞみ」も停車します。穏《おだ》やかな気候と豊かな自然に恵《めぐ》まれ、万本の「ばらのまち」としても知られています。一九五六年に「戦争で荒《あ》れ果てた街に潤《うるお》いを与え、人々心にやわらぎを取り戻《もど》そう」とばらの苗木《なえぎ》約千本を公園に植えました。その後も住民は熱心にばらを育てけ、やがて美しいばらが咲《さ》きました。そのばらは春と秋には街のいたるところに咲き誇《ほこ》ります。日本遺産認定され、映画やドラマの舞台《ぶたい》になった「鞆《とも》の浦《うら》」も有名です。全国でも長い歴史を持つ港町で、鎌倉《かまくら》・町、江戸時代にも大いに栄えた大都市でした。また、JR福山駅の新幹線ホームから見える「福山城」なの名所があります。「福山城」は、昨年築城四百年を迎《むか》え、とてもきれいになりました。さらに、「ものづりのまち」としても発展してきました。産業は鉄鋼業や繊維《せんい》業などさまざまな製造業が集まっています。の中でもデニム生地は日本一の生産量です。福山のデニムは国内外のハイブランドにも活用され、高く評されています。デニムを使った着物など珍しい商品も誕生しています。

料2】

戦後の心の迷いを抜《ぬ》け出せない中、一九五六年から一九五七年にかけて、南公園(現在のばら公園)に近隣住民が「荒れ果てた街に潤いを与え、人々の心にやわらぎを取り戻そう」と、ばらの苗木約千本を植えまた。住民が熱心に世話を続けたばらは、やがて真っ赤な花を咲かせました。ここから、「ばらのまち福山」歴史が始まりました。

（「福山市ホームページ　ばらのまち福山の歴史」による。）

料3】

「ローズマインド」とは「思いやり・優しさ・助け合いの心」のことです。「ばらへのいつくしみが思いや、優しさ、助け合いの心をはぐくみ、ばらづくりは、優しい町づくりにつながる。」という考えから生まれきました。戦争で荒れ果てた福山に復興と平和への願いをこめ、ばらを育てることを通して、「人とまちと和を大切にする」心が、今なお受け継《つ》がれています。

（「大好き！福山～ふるさと学習～」による。）

料4】

（「第二十回世界バラ会議福山大会ホームページ」による。）

これで、検査2の問題は終わりです。

【適2

はさみで紙を切り取らなくても，作ることはできるかな。

折るだけで，紙ぶくろを作ってみよう。

問題５　あなたが作る紙ぶくろの折れ目となる線を，解答用紙にかきなさい。折り目となる線で山折りは ――― 線，谷折りは ------- 線でかくこと。ただし，１目もりは１cmとする。

だいちさんとみどりさんは，木材について話をしています。

学校のいすに，こんなシールがついていたよ。

ひろしまの森づくり県民税を活用して広島県の木材で製作しています。

ほかに広島県の木材で作られているものはないのかな。

資料１　広島県の木材が使われた保育所の部屋

- 宮島口旅客ターミナル（廿日市市《はつかいちし》）
- 保育所（神石高原町）
- 道の駅たかの（庄原市《しょうばらし》）
- 広島県庁舎の机
- 工事用かん板
- しゃもじ，まな板　　　　など

資料２　広島県の木材が使われている施設《しせつ》やもの

いろいろな施設やものでたくさん使われていたよ。
広島県の木材の生産量は，どうなっているのかな。

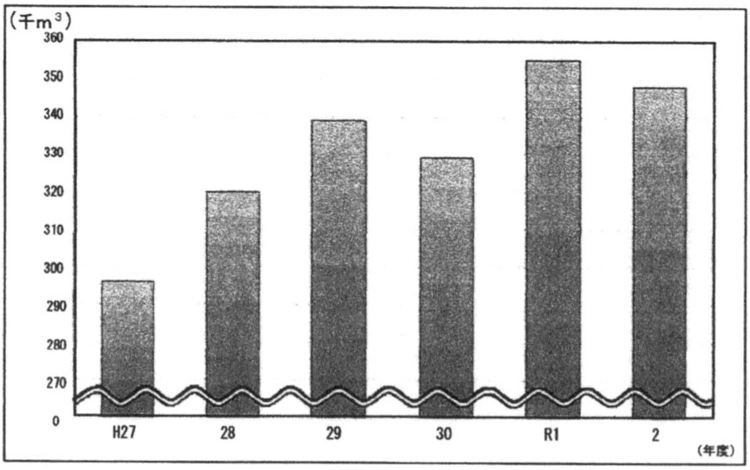

資料３　広島県の木材（すぎ・ひのき）生産量の推移

生産量は，増えたり減ったりしているね。

今後，広島県の木材の生産量はどうなっていくのかな。

いろいろな資料を集めてみたよ。いっしょに考えてみよう。

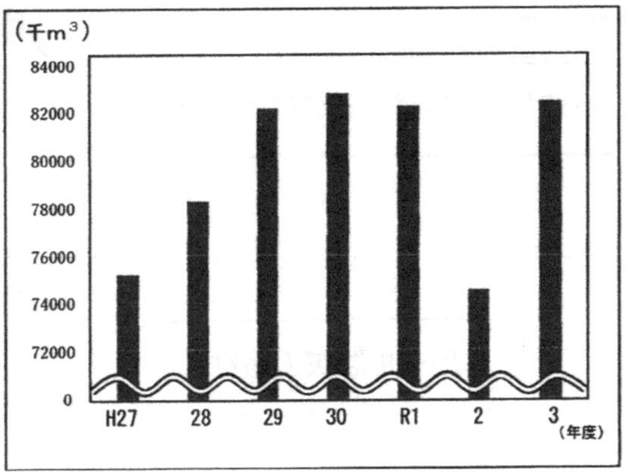

資料４　日本の木材消費量の推移

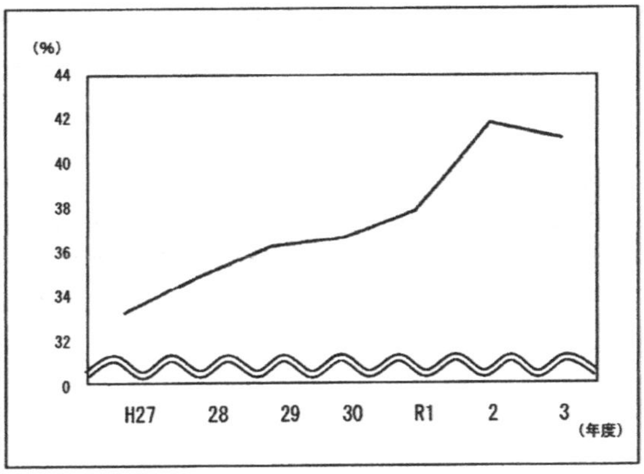

資料５　日本の木材自給率

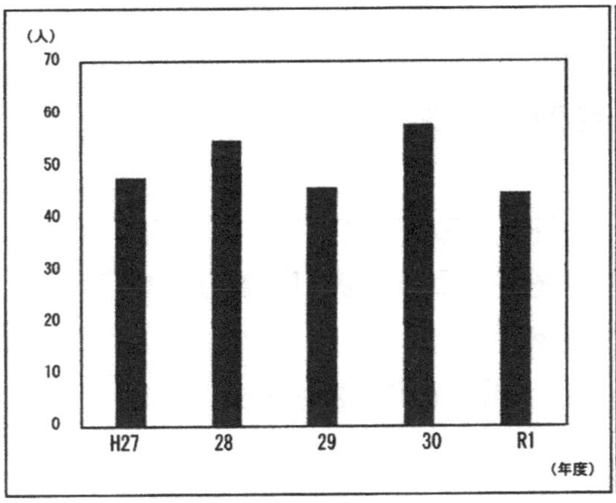

資料６　広島県で新しく林業の仕事についた人の推移

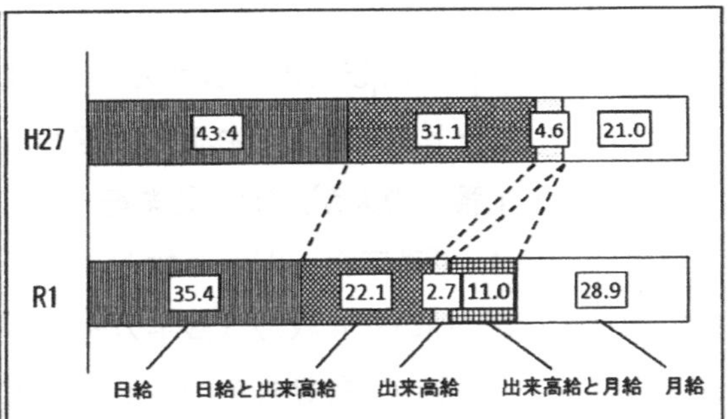

※日給・・・１日単位で支はらわれる給料
※出《で》来《き》高《だか》給《きゅう》・・・作業量におうじて支はらわれる給料
※月給・・・１か月単位で支はらわれる給料

資料７　広島県で林業の仕事についている人の給料の支はらい方法の割合

- 心身の健康づくりのための森林浴やウォーキング
- 森林の中でのランニングや自転車走行
- 森林の中での音楽鑑賞《かんしょう》及び芸術鑑賞などの文化的活動
- 森林の中で自然を活用した保育・幼児教育　　　　など

資料８　人々が森林空間に求めているもの

問題６　　あなたは，今後の広島県の木材の生産量はどうなっていくと考えますか。複数の資料を使い，理由とともに説明しなさい。

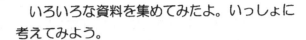

だいちさんとみどりさんは，分数のカードゲームについて話をしています。

友だちが分数の勉強をしていて，「難しい。」と言っていたよ。分数について楽しみながら学ぶ方法はないかな。

分数をカードゲームにして，学習するのはどうかな。

どんなふうにするの。

ルールは次の通りよ。

【カードゲームのルール】

・1 ～ 12 までの「数字カード」12 枚と，＋，－，×，÷ の「演算※カード」４枚をそれぞれ用意し，裏返しにする。
・１番目の人が，①・②を行う。
　①「数字カード」４枚と「演算カード」１枚をひく。
　② ひいた４枚の「数字カード」で分数を２つつくり，「演算カード」を用いて計算式をつくって答えを求める。
・２番目，３番目の人が，残りのカードを用いて①・②を行う。
・求めた答えの数の大きい人が勝ち。

※ 演算…たし算，ひき算，かけ算，わり算の計算のこと

4	11	7	2
12	3	10	6
5	9	1	8

数字カード

×	－
÷	＋

演算カード

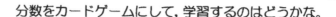

このゲームなら楽しく学習ができそうだね。試しにやってみよう。

私は，$\boxed{3}$，$\boxed{6}$，$\boxed{9}$，$\boxed{11}$ と $\boxed{\times}$ のカードをひいたよ。ひいたカードで，$\frac{6}{11}\times\frac{9}{3}$ の式をつくったら，答えは $\frac{18}{11}$ になったわ。

ぼくは，$\boxed{1}$，$\boxed{5}$，$\boxed{8}$，$\boxed{10}$ と $\boxed{\div}$ のカードをひいたよ。$\frac{5}{1}\div\frac{10}{8}$ の式をつくったら，答えは4になったよ。

最後までやってみよう。残りのカードで式をつくるよ。

問題７　残りのカードで式をつくると，求めた答えが３つの数のうち２番目に大きい数になりました。つくった可能性のある計算式と答えを求めなさい。また，なぜ答えの数が２番目に大きい数だといえるか説明しなさい。

これで、検査1の問題は終わりです。

①

2022年度（令和4年度）

福山市立福山中学校入学者選《せん》抜《ばつ》

適　性　検　査

検査1　問題

（時間　45分）

【注意事《じ》項《こう》】

1　指示があるまで，中を見てはいけません。

2　問題用紙に，受検番号と名前を記入しなさい。

（受検番号は入学者選抜受検票の番号です。）

3　2枚の解答用紙に，それぞれ受検番号を記入しなさい。

4　問題は，5つあります。

5　解答は，すべて解答用紙に記入しなさい。

6　解答用紙の※印のあるところには，記入してはいけません。

7　問題用紙の余白は，メモにつかってもかまいません。

受検番号	第　　　番	名　前	

★

だいちさんとみどりさんは，ばねを使った自由研究をすることにしました。

図１の５種類のばねを見つけたよ。同じ重さのおもりをつけたら，ばねののびはどうなるのかな。

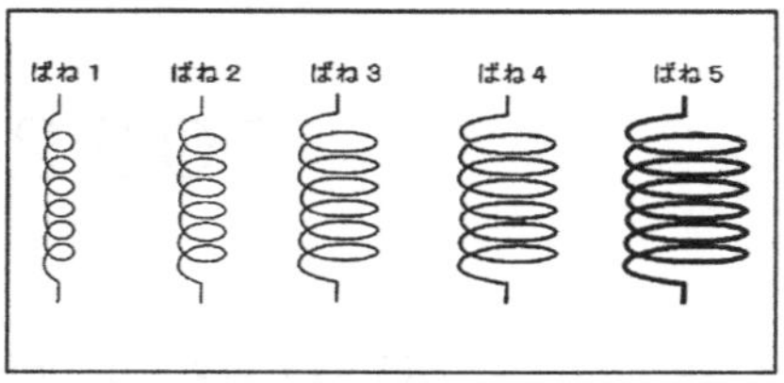

図１

それぞれのばねに，同じ重さのおもりをつけてみるね。

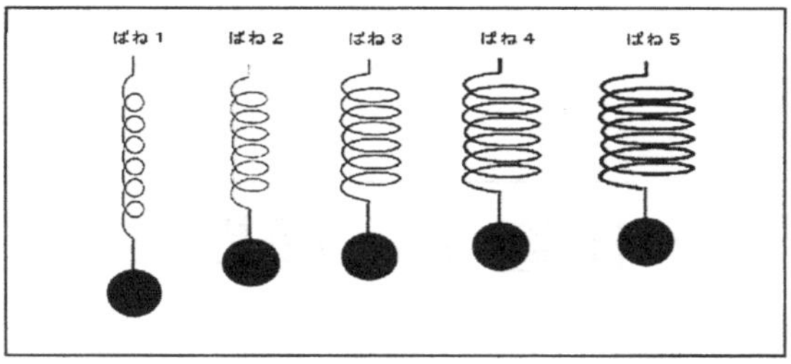

図２

図２のように，ばねごとののびがちがうね。おもりの重さとのびの関係を調べてみたよ。

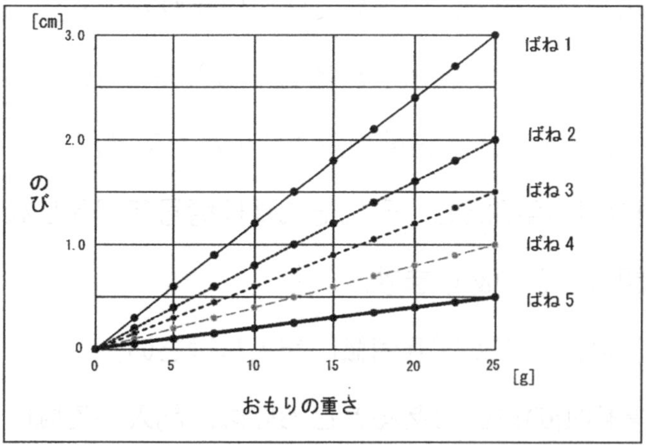

図３

図３のようにおもりの重さとのびは，比例の関係になっているね。

同じ種類の２本のばね，30ｃｍの定規，おもりを使って図４のような実験装置を考えてみたよ。

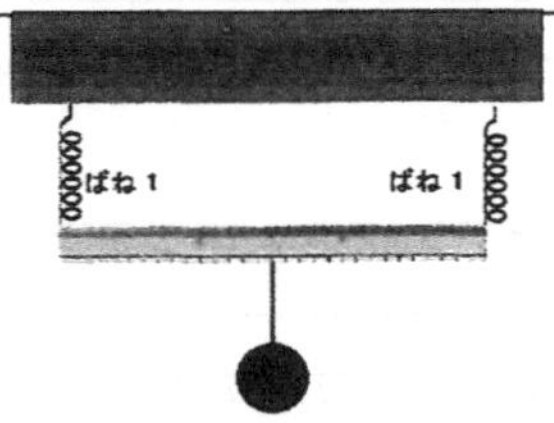

※ ばねの重さ，ばねの下の定規の重さは考えないものとする。

図４

同じ種類のばねを使うと，定規は水平になるね。ちがう種類の２本のばねを使うと定規はどうなるかな。

図５のように，ばねののび方がちがうから，定規はかたむくよ。

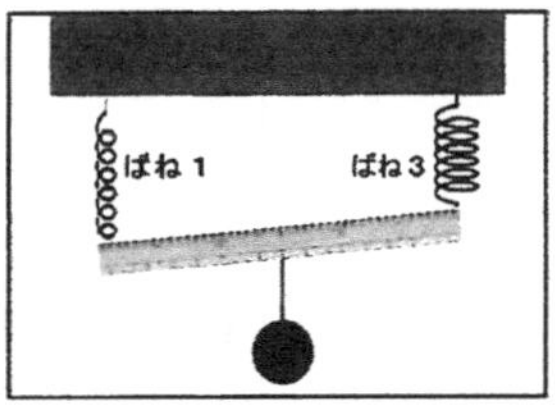

図５

おもりの位置を中央からずらしてみると，どうだろう。

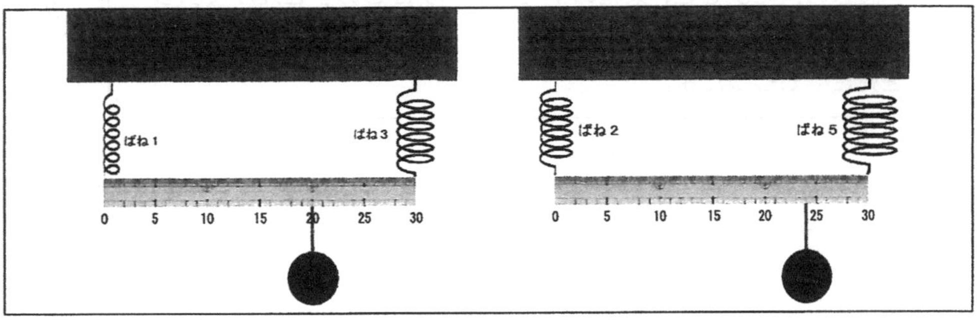

図６

ちがう種類の２本のばねでも，図６のように定規が水平になったよ。ばねののびとおもりをつける位置には，どんな関係があるのだろう。

問題１　ばねののびと定規が水平になるおもりの位置について，どのような関係があると考えられますか。図３と図６の内容を用いて答えなさい。

問題２　図６にあるばねの組み合わせ以外で，２種類のばねを選び，定規が水平になる位置におもりの図をかきなさい。

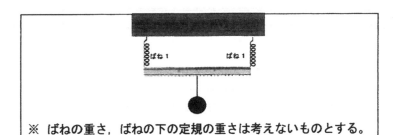

だいちさんとみどりさんは，ミツバチを飼っている農家の人から，はちみつをもらいました。

もらったはちみつは，巣箱の周辺の花畑から集めたものだって。

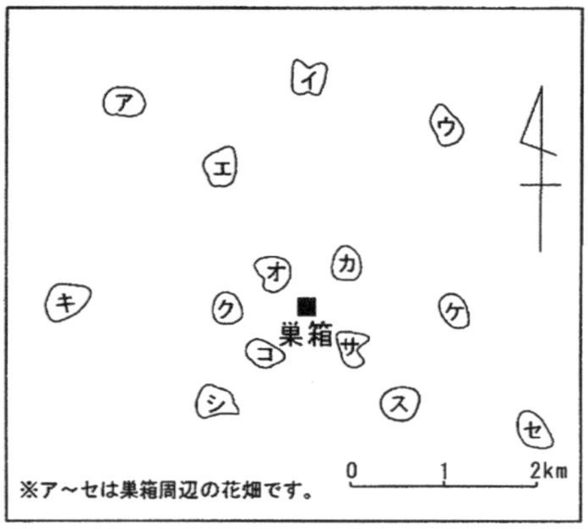

資料１　巣箱の周辺の花畑分布

農家の人によると，巣箱の中でミツバチが８の字をえがくように，４種類のダンスをしていたそうだよ。それらを記録したものを見せてもらったよ。

・ミツバチが花のみつを集めた日時　　秋分の日　１０：００				
	ダンス１	ダンス２	ダンス３	ダンス４
ダンスの様子	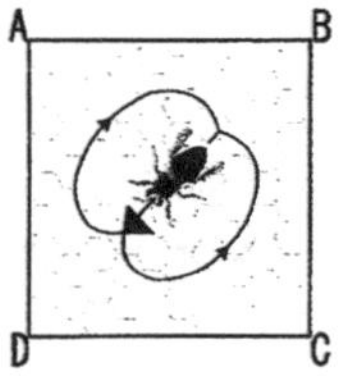	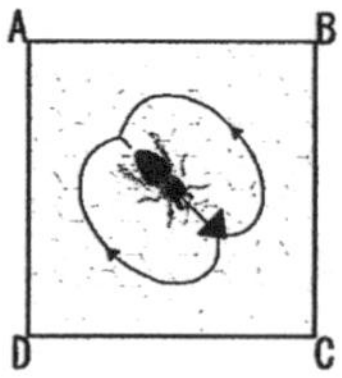	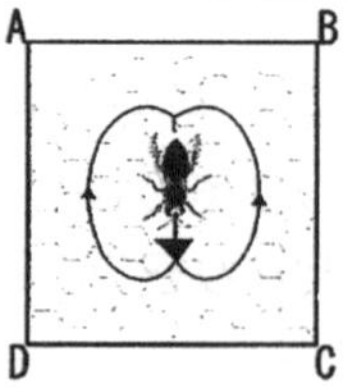	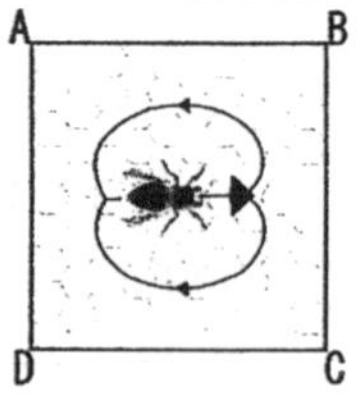
１５秒間のダンスの回数	３回	５回	６回	４回

資料２　ダンスの記録

②

二〇二二年度（令和四年度）

福山市立福山中学校入学者選抜《せんばつ》

適性検査

検査２問題

（時間　四十五分）

【注意事項《じこう》】

1　指示があるまで、中を見てはいけません。

2　問題用紙に、受検番号と名前を記入しなさい。
（受検番号は入学者選抜受検票の番号です。）

3　二枚の解答用紙に、それぞれ受検番号を記入しなさい。

4　問題は、二つあります。

5　解答は、すべて解答用紙に記入しなさい。

6　解答用紙の※印のあるところには、記入してはいけません。

7　問題用紙の余白は、メモに使ってもかまいません。

受検番号
第　　　　番

名前

2022(R4) 福山市立福山中
教英出版

【適2

の文章を読んで、後の問いに答えなさい。

私はあらゆる「我慢《がまん》」は、人類の工夫次第で無くしていけると思っている。むしろ、これまで「我慢」だったものが、普通《ふつう》よりもうらやましい存在に化けたりもする。人類はそうやって前進してきた。

では、究極にうらやましい車椅子《くるまいす》とはなにか？

と考え、つくってみたのが「こたつがついている車椅子」だった。

我慢が嫌《きら》いな私はこう考える。「外出のためにこたつから出るのは発明が足りない」と。

ああ、わかっている。きっと多くの人は「なに言ってるんだ？」「それくらい我慢しろ」「このダメ人間め」というだろう。

でもここでこたつからあっさり出てしまったらなにも変わらない。これからも我慢は続いていく。

我慢しなければいけないとき、どうすれば我慢をせずに目的を果たせるか。

大事なことはこたつから出ることではなく、行くべき場所に行くことだ。

こたつと電動車椅子を合体させれば、こたつに入りながら自由に動き回れるだけではなく、大きなバッテリーを積めるので、一日中スマホやパソコンを充電《じゅうでん》しながら移動できる。

もうひとついいことがある。たとえば立食パーティーの場合、数人のグループで小さなテーブルを囲み、ワイングラスで乾杯をするものだ。

そこに参加する大きな車椅子の人はどういう状況《じょうきょう》になるか。足が前に出てそれ以上前に進みにくく、輪に入りたくても入れないことも多い。

輪に入れないのは我慢だよね。そこで「輪に入れるようにしよう」とか「みんなにお願いして協力してもらおう」とは考えずに、「その人自身を輪にする」ことを考えていたんだ。

そこでこの〝こたつ車椅子〟だ。

するとパーティーに参加した友人たちは、このこたつのテーブルに「〇〇さん、ちょっと置かせてね～」とワイングラスを自然に置くようになり、〇〇さんを囲んでの会話も自然にはじまった。

きみが我慢をしていることだって、その我慢に気づけているなら、それを解決すれば「価値になる」ということ。

体育館が寒い、雨が降ったら校庭が使えない、クラスメイトの名前が覚えられない、着たくもない制服を着ている……(でも当たり前じゃん、そんなもんだよ)と思ってしまったら気をつけよう。

普段《ふだん》の暮らしでも、学校生活でも、社会に出ても、「仕方ない」「我慢しよう」と思って、ただそうしてしまったらなにも変わらない。

そこに、違和感《いわかん》があったら、もっと楽にできないか、もっと自由にできないか、もっと面白くできないか、考えることはできないかな？

もちろん我慢が必要なときはあるよ。でも、簡単に納得せず、我慢しなくていい方法は本当にないかを考えるんだ。

簡単には納得せず、何度も考えて、失敗して、自分なりの正解を見つけることによって、その悩《なや》み、経験はすべてきみの力に変換《へんかん》される。私が保証する。

（吉藤　オリィ「ミライの武器『夢中になれる授業』」による。）

（注）むしろ…どちらかといえば　　究極…ものごとの行き着くところ
立食…テーブルの上に並べられたものを立ちながら自由にとって食べること
保証…だいじょうぶだ、まちがいないとうけ合うこと

問題１　筆者の考えをもとにして、あなたは、自分の生活の中でどのようなことに取り組みたいと考えますか。三〇〇字以内で書きなさい。

だいちさんの学校では、ＳＤＧｓの目標を達成するために、各委員会で取り組みを始めることになりました。そこで給食委員会では、食品ロスを減らすために、新聞を作ってみんなに知ってもらうことにしました。そのために次の資料１～４を集めました。

〈資料１〉

（「私たちがつくる持続可能な世界～ＳＤＧｓをナビにして～日本ユニセフ協会　ＳＤＧｓ副教材」による。）

（注）　枯渇…ものやお金を使いつくしてなくなること　　ナビ…ナビゲーションの略

〈資料２〉

（「ＳＤＧｓなぜなにクイズ図鑑」〔宝島社〕による。）

〈資料３〉

（「ＳＤＧｓなぜなにクイズ図鑑」〔宝島社〕による。）

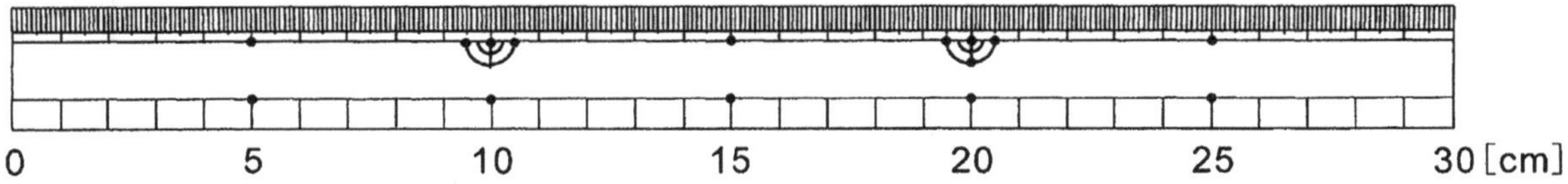

2※

問題３

選んだ花畑	と

［理由］

3※

問題５

［解答例］

下の段

ア	ア
ア	ウ
ア	ウ

上の段

㋐	㋐
㋐	ウ
㋐	ウ

［１つ目］

下の段

上の段

［２つ目］

下の段

上の段

5※

検査2　解答用紙

受検番号

第　　　番

※80点満点
（配点非公表）

※

問題1

100

2-2

300

200

100

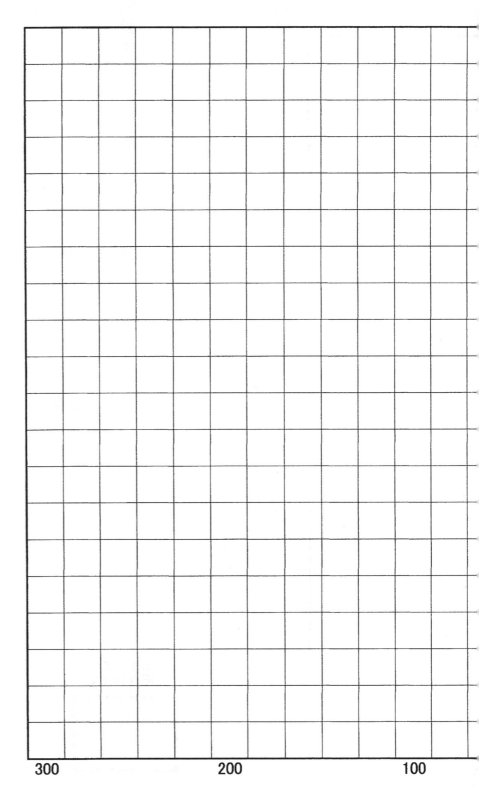

受検番号

第　　番

検査2　解答用紙

問題2

※

記事1

100　80

記事2

2-1

300

200

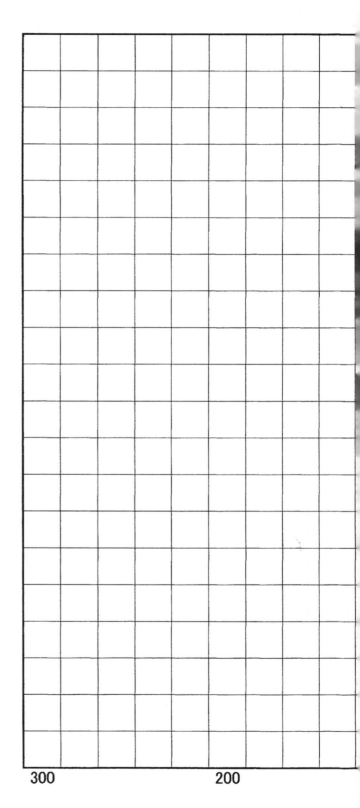

(1-2)

受検番号	第　　　　番

検査1　解答用紙

※

問題4

[生産量の予測]

[予測の説明をおぎなうために必要な資料とその理由]

受検番号	第　　　　　番

※120点満点
（配点非公表）

※

検査１　解答用紙

問題１

1※

問題２

〈資料４〉

お詫び
著作権上の都合により、文章は掲載しておりません。
ご不便をおかけし、誠に申し訳ございません。
教英出版

（「Edu Town SDGs わたしたちが創る未来」による。）

（注）　妊婦…妊娠《にんしん》している女の人　　雇用…人をやとうこと

問題２　記事１・２に入る文章をそれぞれの見出しに合うように書きなさい。ただし、記事１は資料１の内容を使って、八〇字から一〇〇字で書くこと。記事２は資料２・３・４の内容を使って、三〇〇字以内で書くこと。

（新聞の構成）

みんなで取り組もう —ＳＤＧｓ—　給食委員会

ＳＤＧｓとは

記事１

減らそう食品ロス（世界の現状と今行われている取り組み）

記事２

私たちにできることをやってみよう

これで、検査2の問題は終わりです。

ミツバチは８の字をえがくようなダンスをすることで，花畑のある方位ときょりをなかまに教えているんだね。つまり，資料２のダンス１～４はみつを集めた４つの花畑を指しているんだね。このことに関係した資料も見つけたよ。

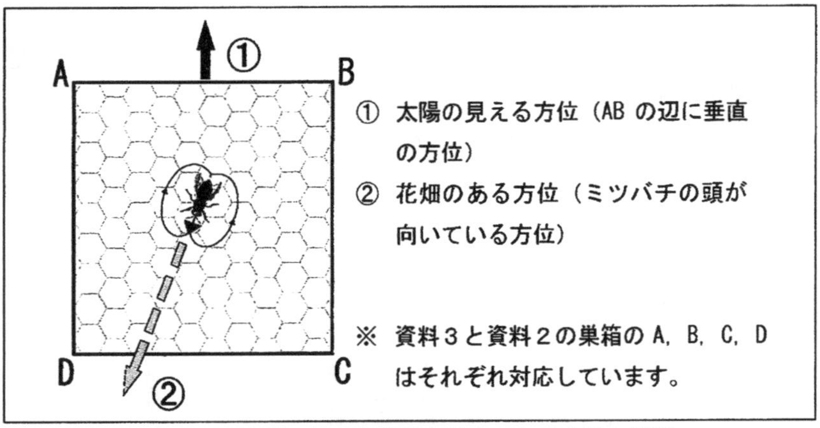

① 太陽の見える方位（AB の辺に垂直の方位）
② 花畑のある方位（ミツバチの頭が向いている方位）
※ 資料３と資料２の巣箱の A，B，C，D はそれぞれ対応しています。

資料３　太陽の見える方位と花畑のある方位の関係

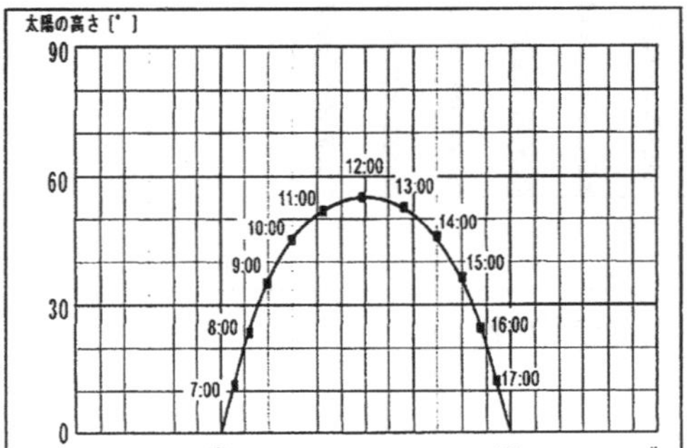

資料４　秋分の日の太陽の見える方位と太陽の高さと時刻の関係

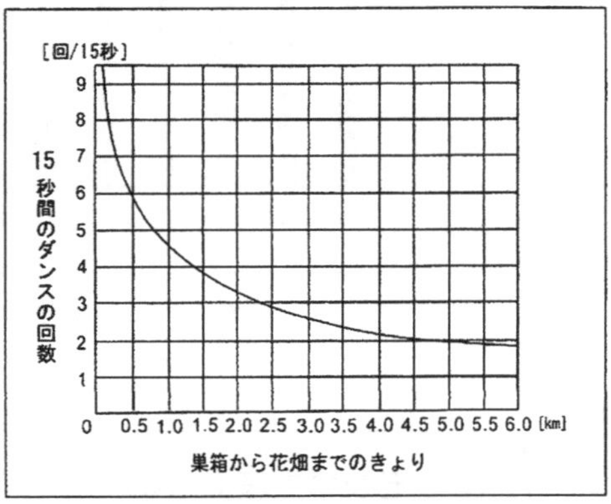

資料５　巣箱から花畑までのきょりと１５秒間のダンスの回数の関係

問題３　ミツバチがみつを集めた４つの花畑のうち，２つを資料１のア～セから選びなさい。また，その花畑からみつを集めたことがわかる理由を資料を使って説明しなさい。

だいちさんとみどりさんは，広島県産レモンについての話をしています。

スーパーマーケットで広島県産レモンをよく見かけるね。

広島県は全国で一番多くレモンを生産しているらしいよ。レモンについて，こんな資料を見つけたよ。

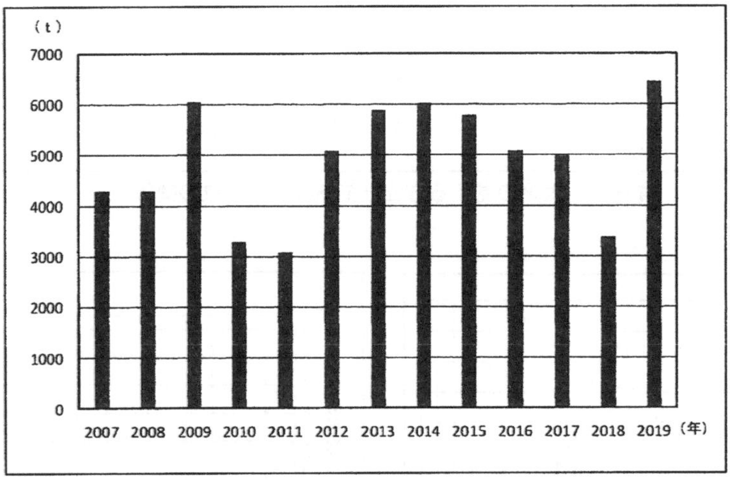

資料１　広島県産レモンの生産量の推移

レモンの生産量は年々増えてきていると思っていたけれど，前の年と比べて減った年もあるんだね。

これから，レモンの生産量はどうなるのかな。資料１のほかに，みかんと比べた資料など，いろいろな資料があったから，それを使って考えてみましょう。

	レモン	みかん
出荷時期	10月～５月	１月～３月
１kgあたりの取引価格	約420円	約270円
労働時間１時間あたりの所得	2,308円	894円
農地10aあたりの労働時間	141時間	229時間

資料２　生産と流通に関すること

※みかんの産地の観光客数は2014年

	人口	人口増減率 (2000年～2015年)	製造業	飲食・宿泊《しゅくはく》業	観光客数
レモンの産地（A）	8,027人	16.4%減少	1,090人	198人	508,000人
みかんの産地（B）	28,470人	15.5%減少	2,487人	475人	※276,742人 (2014年)

資料３　レモンとみかんの産地の経済に関すること（2015年）

	1980年	1990年	2000年	2015年
39歳《さい》以下	175人	56人	7人	2人
40歳代	157人	94人	33人	8人
50歳代	216人	146人	129人	13人
60歳代	213人	226人	158人	79人
70歳以上	120人	158人	165人	148人

資料４　レモンの産地（C）の農業経営者の年齢《ねんれい》と人数の推移

レモン	みかん
【レモンの加工商品】 ・ケーキ，タルト，アイスクリーム ・調味料（レモン塩，レモン汁《じる》） 【レモン商品のブランド化】 ・「瀬戸内レモン」として販売《はんばい》している 【広島市認定特産品】 ・広島ブランドとして広く宣伝している	【みかんの加工商品】 ・ケーキ，ジュース，アイスクリーム ・調味料（ドレッシング，シロップ，みかんの皮の漬物《つけもの》） ・化粧《けしょう》品，シャンプー 【みかんのブランド化】 ・「〇〇みかん」として販売している

資料５　レモンとみかんの活用例

問題４　　これから，広島県産レモンの生産量はどうなっていくと予測しますか。資料１～５のうち複数の資料を使って説明しなさい。また，その説明をおぎなうために，資料１～５以外でどんな内容の資料が必要か答えるとともに，その理由を説明しなさい。

だいちさんとみどりさんは，立方体を使ったパズルを考えています。

立方体を4個つなぎ合わせて，図1のア～カの6種類の立体を作ってみたよ。

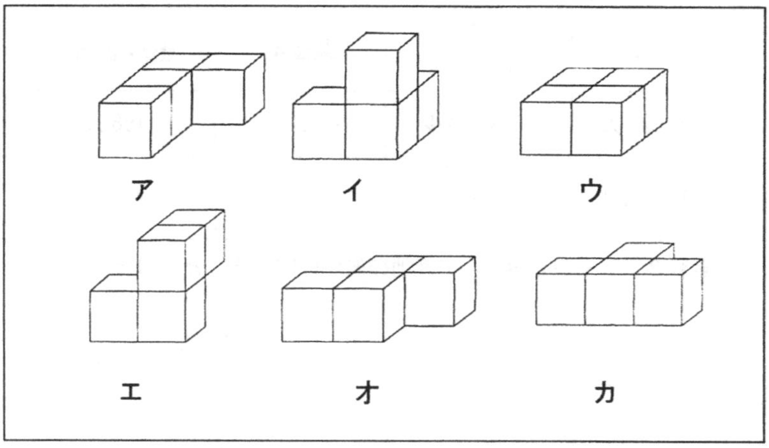

図1

いろいろな立体があるね。どんなパズルにするの。

次の【ルール】を使って，図2の直方体を完成させるパズルにしようと思うよ。

【ルール】
ア～カの立体について
・３個の立体を使う
・同じ立体を２個まで使える
・向きを変えてもよい

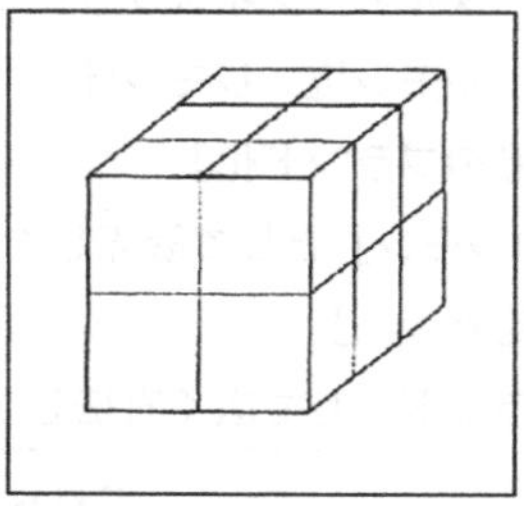

図2

問題５　図２の直方体になるようなア～カの組み合わせを，解答用紙にある解答例以外に２つ答えなさい。解答は，直方体の下の段と上の段の全てのわくに，使った立体の記号を書きなさい。たとえばアの立体を２個使う時は，１個目は「ア」と書き，２個目は「㋐」と書くこと。

①

２０２１年度（令和３年度）

福山市立福山中学校入学者選《せん》抜《ばつ》

適　性　検　査

検査１　問題

（ 時間 ４５分 ）

【注意事項《じこう》】

１　指示があるまで，中を見てはいけません。

２　問題用紙に，受検番号と名前を記入しなさい。

　（受検番号は入学者選抜受検票の番号です。）

３　２枚の解答用紙に，それぞれ受検番号を記入しなさい。

４　問題は，５つあります。

５　解答は，すべて解答用紙に記入しなさい。

６　解答用紙の※印のあるところには，記入してはいけません。

７　問題用紙の余白は，メモにつかってもかまいません。

受検番号	第　　　　番	名　前	

だいちさんとみどりさんは，風船つりにつかうプールについて話をしています。

風船つりで，図１のプールに水を入れて，風船をうかべるよ。

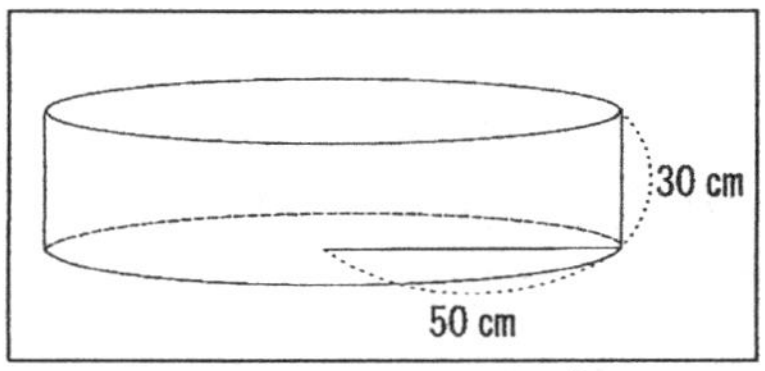

図１　風船つりにつかうプール

水の深さは，どれくらいにするの。

水の深さは 20 cmにしようと思うよ。図２のバケツ①～④をつかって，水を入れたりぬいたりして水の量を調整しよう。

①	②	③	④

１．５Ｌ	２Ｌ	①の４はい分	①の２はい分と③の１ぱい分の合計

※バケツは水を満ぱいにしてつかうものとする。

図２　つかうバケツの種類

算数で習った公式をまとめてみたよ。プールに入れる水の量を求めるために，どの公式がつかえるかな。

正方形の面積＝一辺×一辺	長方形の面積＝たて×横
三角形の面積＝底辺×高さ÷２	円の面積＝半径×半径×3.14
角柱の体積＝底面積×高さ	円柱の体積＝底面積×高さ

問題１　**どのバケツを何回，どのようにつかえば水を効率よく入れることができますか。効率よいと思う方法（バケツの種類，回数，入れ方）とその理由を答えなさい。また，その方法を答えるためにつかった計算式と具体的な手順を答えなさい。**

だいちさんとみどりさんは，雨量の観測について話をしています。

アメダス観測所が学校のすぐ近くにあるね。

アメダス観測所にある雨量計と同じものが，理科室にあったわ。これを学校のどこかに置いて，雨量を測定してみようよ。

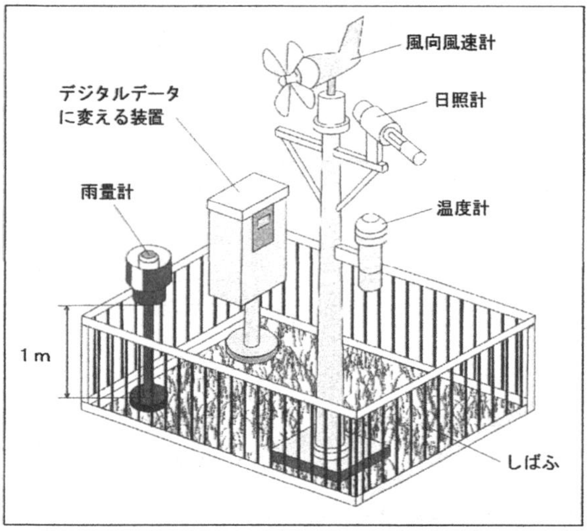

図１　アメダス観測所の様子

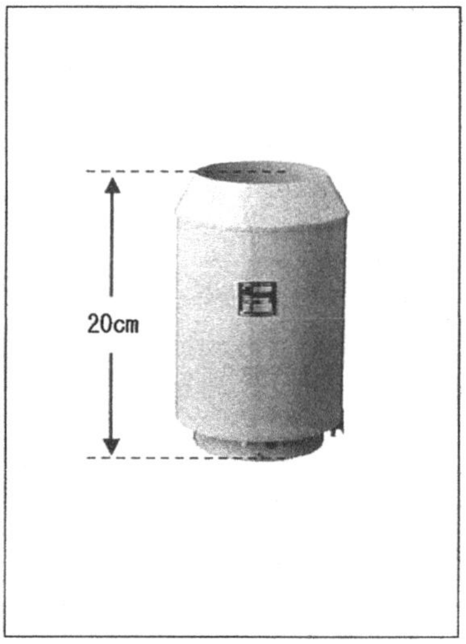

図２　理科室にあった雨量計

アメダス観測所にある雨量計は，高さ１mの支えの上に設置されているよ。何か理由があるのかな。

学校で支えを立てるのは難しいから，理科室にあった雨量計は地面に置くことにしよう。図３の★印の場所に置いて測定するよ。

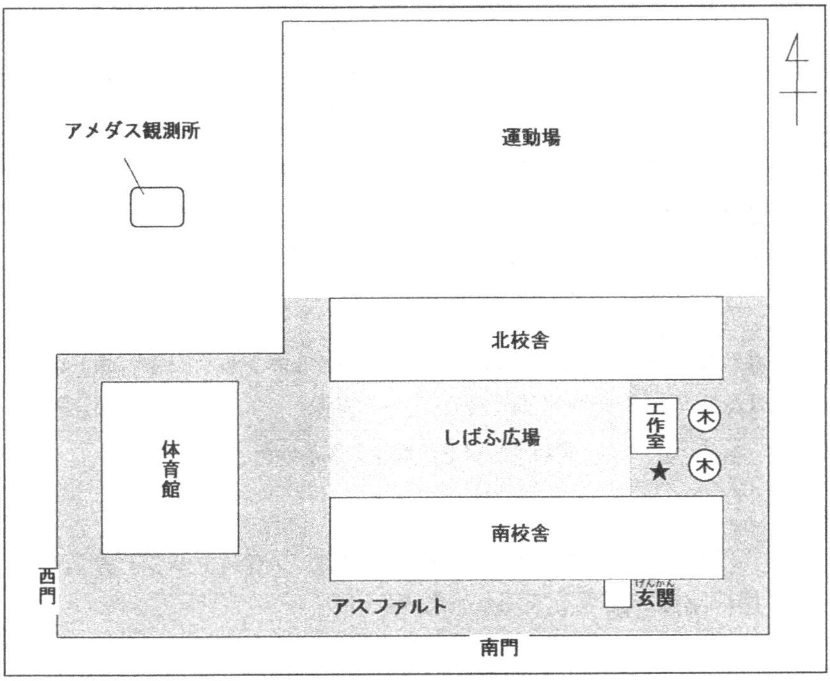

図３　校舎等の配置図

測定結果を表１にまとめてみたよ。★印の場所とアメダス観測所の雨量がちがっているね，どうしてだろう。

	★印の場所	アメダス観測所				
時	雨量 (mm)	雨量 (mm)	気温 (℃)	風速 (m/秒)	風向	日照時間 (時間)
9～10	9.5	8.0	18.4	0.0	－	0.0
10～11	5.5	7.0	19.5	3.4	東	0.0
11～12	11.0	9.0	19.3	4.0	西	0.0
12～13	3.5	3.0	19.6	1.1	西	0.0
13～14	3.5	3.0	19.9	0.0	－	0.0
14～15	8.5	10.0	18.9	4.8	北	0.0
15～16	4.0	5.0	18.7	4.4	北	0.0

表１　★印の場所の雨量とアメダス観測所のデータ

問題２　　★印の場所とアメダス観測所で雨量がちがったのはなぜですか。その理由を，必要な資料をつかって，２つ以上答えなさい。

だいちさんとみどりさんは，プラスチック製品について話をしています。

資料１のようにプラスチック製品は，わたしたちのまわりのさまざまなものにつかわれて便利だよね。でも，いろいろと問題点もあるから，調べてみよう。

・レジぶくろ	・ラップフィルム	・ペットボトル	・食品用トレイ
・消しゴム	・スーパーの買い物かご	・食器	・セロハンテープ

資料１　プラスチック製品の例

プラスチック製品の生産量と消費量，プラスチックごみの総はい出量を調べて，まとめたよ。

	プラスチック製品の生産量（万ｔ）	プラスチック製品の消費量（万ｔ）	プラスチックごみの総はい出量（万ｔ）
1985年	9.23	6.99	4.19
2000年	14.74	10.98	9.97
2015年	10.86	9.64	9.15

表１　プラスチック製品の生産量と消費量，プラスチックごみの総はい出量

2017年度版　環境統計集　環境省より

表１を見ただけでは，それぞれの数値の関係がよくわからないね。

それなら，グラフにするとわかりやすくなるね。次の４種類のグラフをつくってみたよ。どれがよくわかるかな。

②

二〇二一年度（令和三年度）

福山市立福山中学校入学者選抜《せんばつ》

適性検査

検査２問題

（時間　四十五分）

【注意事項《じこう》】

1　指示があるまで、中を見てはいけません。

2　問題用紙に、受検番号と名前を記入しなさい。
　（受検番号は入学者選抜受検票の番号です。）

3　二枚の解答用紙に、それぞれ受検番号を記入しなさい。

4　問題は、二つあります。

5　解答は、すべて解答用紙に記入しなさい。

6　解答用紙の※印のあるところには、記入してはいけません。

7　問題用紙の余白は、メモにつかってもかまいません。

受検番号
第　　　番

名前

次の文章を読み、問いに答えなさい。

今の仕事がどうしても楽しいと思えない。自分で選んだ仕事のはずなのに実は合っていない気がする。同世代のみんなは働くのが楽しいのだろうか。仕事で自分が生かせているのだろうか。もっと自分にふさわしい居場所がどこかにあるのじゃないか。

そんなふうに悩《なや》み、自問自答している人が多いと最近よく聞きます。端的《たんてき》に言えば、「働くことにやりがいを見い出せない」「やる気が起きない！」ということですよね。おそらくその根本にあるのは、「仕事って何？」ということでしょう。僕もよく聞かれます。「谷尻《たにじり》さんにとって〝働く〟とはどういうことですか？」と。

答えを先に言ってしまうと、僕《ぼく》にとっての「働く」は、傍《はた》（ハタ）をラクにすること。傍、つまり、まわりのみんなを楽しくすることが、仕事をする目標であり喜びであり、もっとも大きなモチベーションの源です。

こう思うようになったのは5年ほど前。ある時、「人はどうして笑うのか」と考えていて、「笑いって自分の内面からは生まれないものなんだ」と気付いたのがきっかけでした。自分ひとりしかいなかったら笑いは起こらない。まわりで楽しいことが起きてみんなが笑っている時、それを見て共有できて初めて自分も笑っている。だから、自分が笑いたかったら、まず人が笑う状況《じょうきょう》をつくればいい——そんな発見の延長線上に「ハタをラクにする」という思いが生まれたんです。

「ハタ」は家族や友人、仕事仲間やスタッフはもちろん、僕たちがつくったものに関わる人すべてです。僕たちが設計《せっけい》した住宅の住み手、僕たちが開いた食堂や店に来てくれるお客さん、ホテルを訪れる宿泊客《しゅくはくきゃく》、僕たちが出た雑誌などのメディアに興味を持ってくれた人。みんながハタ。そんなハタたちに何を提供したら楽しんでもらえるのか、どうしたらハタをラクにできるのか。それを考えれば、働く姿勢はおのずと決まります。

（谷尻　誠《まこと》「ＣＨＡＮＧＥ　未来を変える、これからの働き方」による。）

（注）
自問自答…自分の問いに自分で答えること　　端的に…はっきりと
モチベーション…ある行動をしようという意欲を起こさせること・やる気
内面…心の内側　　おのずと…自然に

問い１　筆者は「働く」についてどのように考えていますか。その考えをもとに、最近あなたが「これこそ『働く』だな」と感じたことを例に挙げ、どんな人になりたいか、四百字以内で書きなさい。

1※

問題2

2※

[理由]

4※

問題５

	1		

	1		

5※

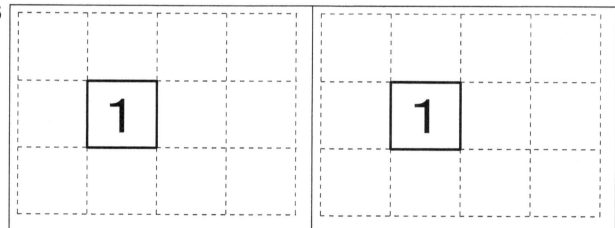

検査2　解答用紙

問い1

受検番号
第　　　番

100

※

※80点満点
(配点非公表)

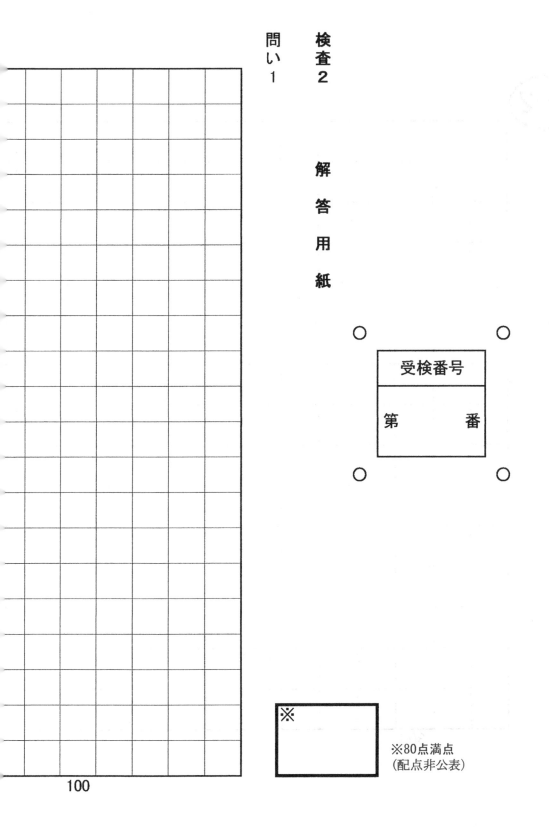

(2-2)

300

150

検査2　解答用紙

受検番号
第　　　　番

問い2

※

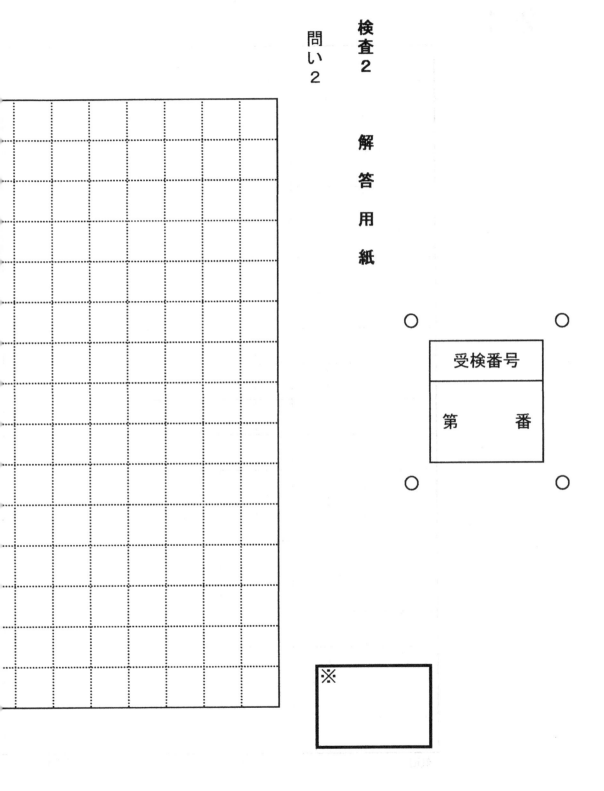

2-1

400 300 200

【解答用

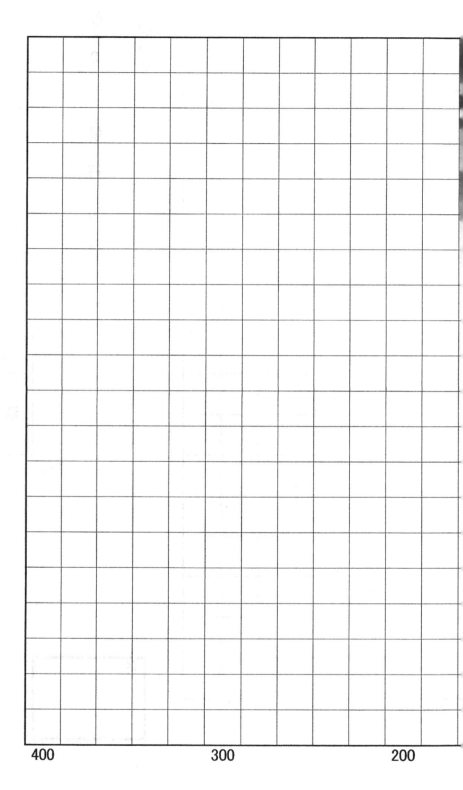

1−2

受検番号	第　　　　番

※

検査１　解答用紙

問題３

選んだグラフの記号	

［理由］

3※

受検番号	第　　　　番

※

※120点満点
（配点非公表）

検査１　解答用紙

問題１

効率よいと思う方法 （バケツの種類，回数，入れ方） とその理由	
計算式と具体的な手順	

【解答

だいちさんの中学校では、今年から留学生を受け入れることになりました。その留学生をもてなすために、次の【条件】で、イベントをすることにしました。そこで、だいちさんは留学生に①～④の内容のアンケートを事前にとりました。

【条件】

時間は午前十時から午後四時までです。生徒の数は三十人です。

【アンケートとその回答】

①出身国はどこですか

South Korea（韓国《かんこく》）	10人
Australia（オーストラリア）	8人
Bulgaria（ブルガリア）	7人
Canada（カナダ）	3人
Norway（ノルウェー）	2人

②日本に来る理由は何ですか（複数回答）

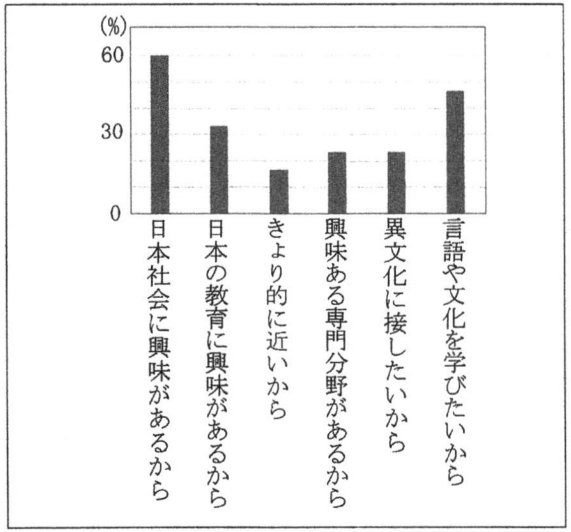

③日本で一番興味のあることは何ですか

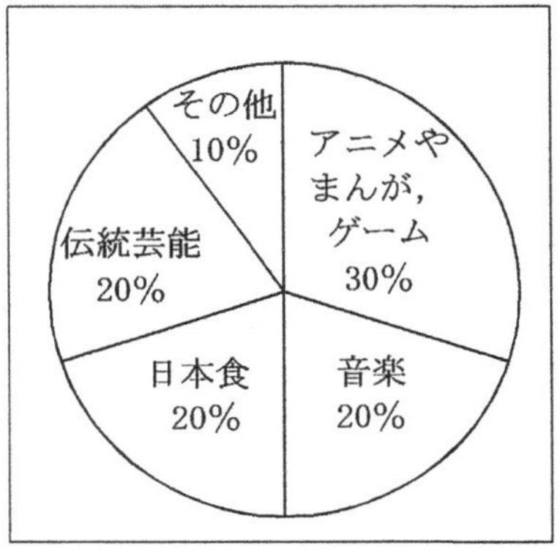

④日本で生活するときに心配なことは何ですか（複数回答）

自分にあった住居を見つけること	13.3%
まわりの人とコミュニケーションをとること	50.0%
病気にかかったり自然災害にあったりすること	26.7%
経済的なこと	46.7%
さびしく感じること	23.3%
自分の勉強の成果を上げること	53.3%
日本の天気や食べ物、習慣に適応すること	26.7%

問い２　**【条件】と【アンケートとその回答】を参考にして、留学生をもてなすためにあなたはどのようなイベントを計画しますか。そのイベントの内容と計画した理由を三百字程度で書きなさい。**

ア

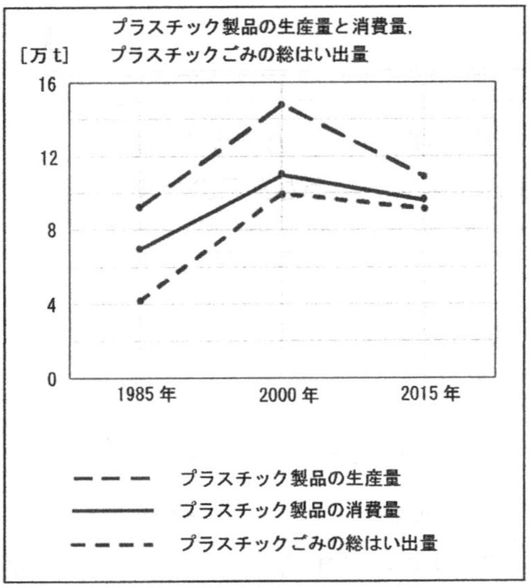

イ

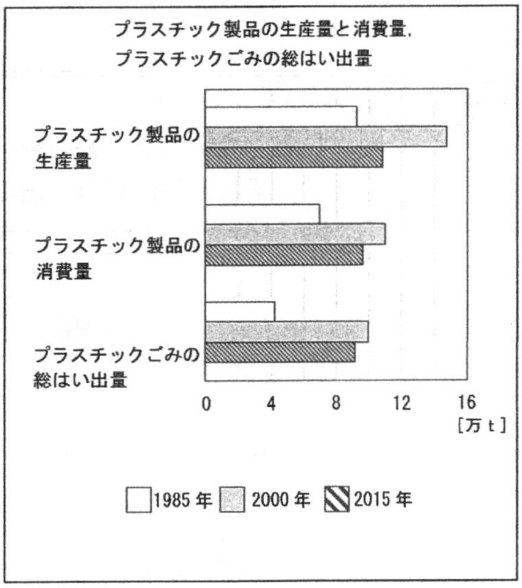

ウ

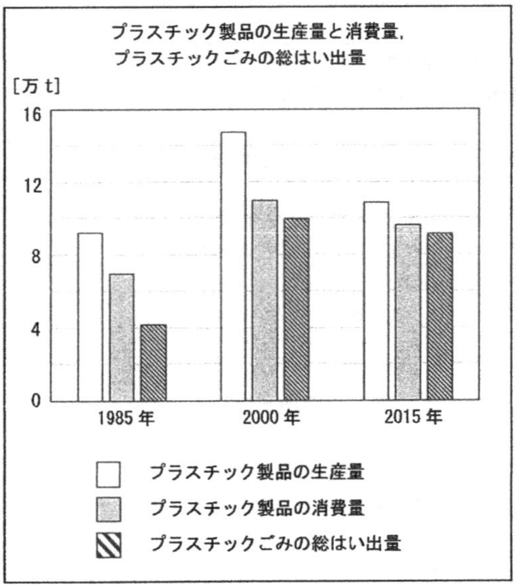

エ

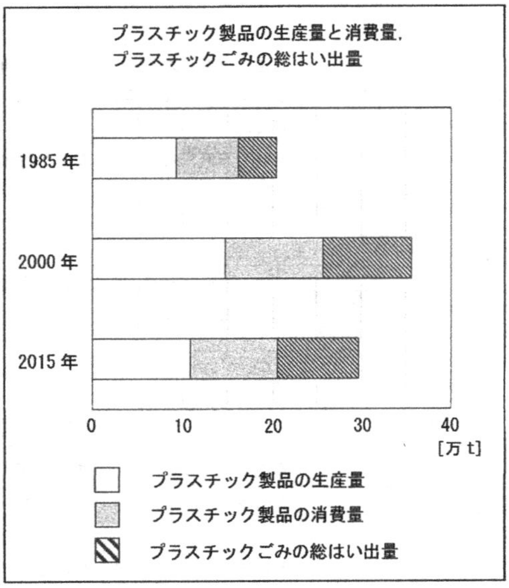

問題３　あなたは，表１をどのグラフで表したらよいと考えますか。ア～エのグラフから１つ選び，その記号を答えなさい。また，そのグラフを選んだ理由を答えなさい。

だいちさんとみどりさんは，日本の電気エネルギーの将来について話をしています。

日本の発電方法別発電量の割合（2015 年）のグラフがあったよ。それぞれの発電方法にはどんな特ちょうがあるのかな。

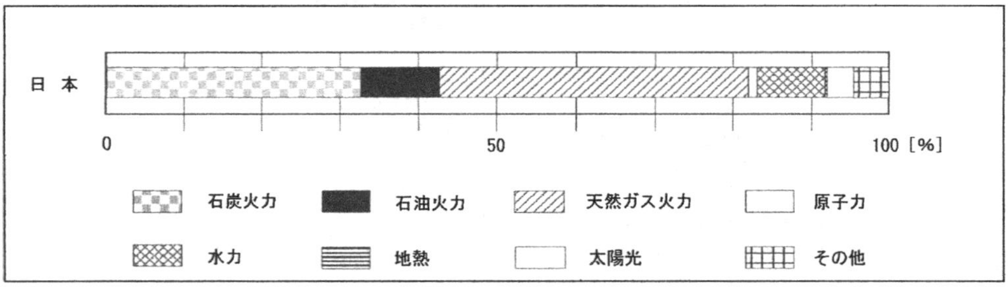

図１　日本の発電方法別発電量の割合（2015 年）

発電方法の利点と課題についてまとめてみたよ。

発電方法		利　点	課　題
火　力	石　炭	石油，天然ガスと比べ，低額で，資源が豊富である（とれる年数が 145 年といわれている）	発電時，二酸化炭素をはい出する 輸入にたよっている
	石　油	石炭，天然ガスと比べ，輸送，貯蔵がしやすい	発電時，二酸化炭素をはい出する 輸入にたよっている 石炭と比べ高額で，価格が変動しやすい とれる年数が 45 年といわれている
	天　然 ガ　ス	石炭，石油と比べ，発電時の二酸化炭素のはい出量が少ない	石炭と比べて高額 とれる年数が 60 年といわれている 石炭，石油と比べ，貯蔵や輸送が難しい
原 子 力		発電時，二酸化炭素をはい出しない 燃料資源が低額	事故が起きたとき，ひばくの危険性が大きい はいき物しょ理費用が高額
水　　力		発電時，二酸化炭素をはい出しない 発電効率がよく，発電量の調整がしやすい	ダム建設の際，自然かん境にえいきょうが出る ダム建設費用が高額
地　　熱		発電時，二酸化炭素をはい出しない	国立公園や温泉地などの景観を損ねる 有毒ガスを無毒化する費用がかかる
太 陽 光		発電時，二酸化炭素をはい出しない	設備費用が高額 発電量が天候に左右される

表１　発電方法の利点と課題

将来，日本ではどの発電方法が増えていくのかな。

地球の自然かん境を守っていくために，多くの話し合いが行われているよね。

国　名	人　口 （万人）	エ　ネ　ル　ギ　ー　政　策　等
フランス	6,614	原子力発電のけい続（58 基の原子力発電設備の運転）
ドイツ	8,076	豊富な石炭資源による，石炭火力発電のけい続 太陽光発電の拡大（住宅に太陽光発電パネル設置，大規模太陽光発電所建設）
スウェーデン	964	原子力発電の割合を下げ，水力発電のけい続や再生可能エネルギーの開発の推進
中　国	139,556	豊富な石炭資源による，石炭火力発電のけい続と重工業の生産設備の改善 原子力発電の推進（44 基の原子力発電設備の運転）
イタリア	6,078	国民投票により，原子力発電の再導入をとりやめ
アイスランド	32	水力発電などの再生可能エネルギーによる発電のけい続 地熱発電で出る温水や地下水を利用した地域冷暖ぼうのふきゅう率の向上
アメリカ	31,612	※1シェールオイル，※2シェールガスの利用により，石油の輸入のさく減 原子力発電の推進（104 基の原子力発電設備の運転）
日　本	12,822	水力発電，地熱発電，太陽光発電などを可能な限り導入 温室効果ガスはい出量を 2050 年までに実質ゼロが目標

表2　主な国の人口とエネルギー政策等

※1　石油成分をふくんだでい岩から取り出した石油

※2　天然ガス成分をふくんだでい岩から取り出した天然ガス

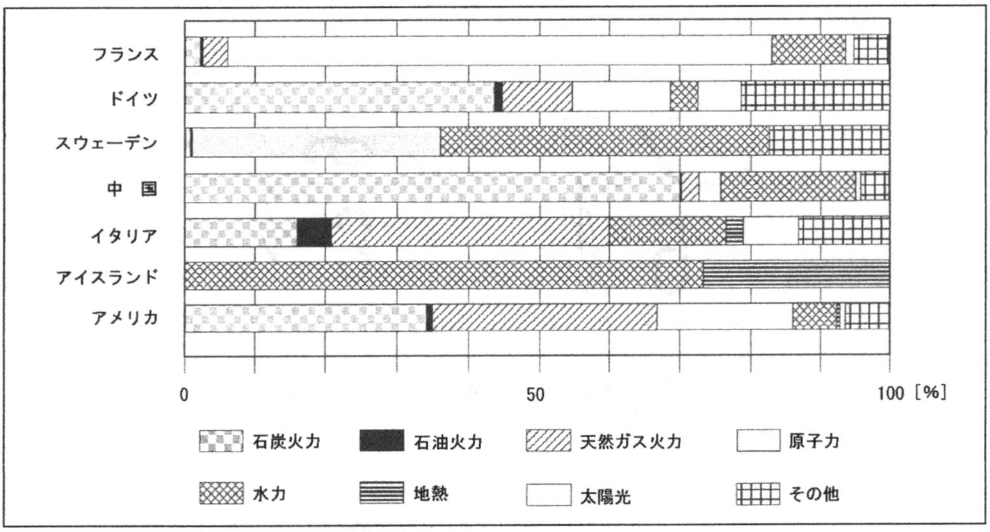

図2　主な国の発電方法別発電量の割合（2015 年）

問題4　　あなたは，将来，日本では表1のどの発電方法が増えると予測しますか。その発電方法を答えなさい。また，そのように予測した理由を，必要な資料をつかって答えなさい。

だいちさんとみどりさんは，さいころの展開図について話をしています。

さいころって立方体だよね。算数の授業で展開図から立方体をつくったことがあるよ。

わたしは，立方体の展開図をつくってみたいの。

1～6の数字がかかれているさいころをつかってみよう。図１は，同じさいころをちがう角度から見た見取図だよ。

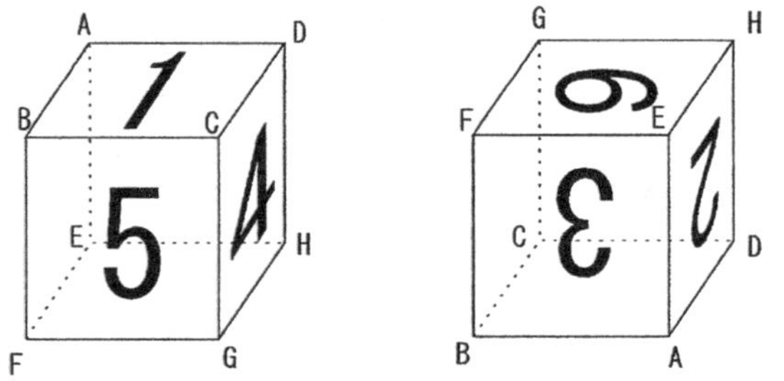

※数字は，さいころの表面にかかれています。

図１

いろいろな展開図ができそうね。

問題５　図１のさいころの展開図を２通りかきなさい。また，数字の向きも正しくかきなさい。

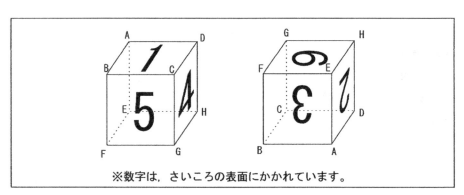

①

2020年度（令和2年度）

福山市立福山中学校入学者選《せん》抜《ばつ》

適　性　検　査

検査１　問題

（ 時間 45分 ）

【注意事《じ》項《こう》】

1　指示があるまで，中を見てはいけません。

2　問題用紙に，受検番号と名前を記入しなさい。

（受検番号は入学者選抜受検票の番号です。）

3　２枚の解答用紙に，それぞれ受検番号を記入しなさい。

4　問題は，５つあります。

5　解答は，すべて解答用紙に記入しなさい。

6　解答用紙の※印のあるところには，記入してはいけません。

7　問題用紙の余白は，メモに使ってもかまいません。

受検番号	第　　　　番	名　前	

だいちさんとみどりさんは，的に矢を当てるゲームについて話しています。

的は，A・Bの２つを用意したよ。それぞれの的には，大きさのちがう円が３つずつあって，円の中心は同じ位置だよ。

図１のように，A・Bともに円の中心を通る直線で等分しよう。A は４等分，B は６等分にするよ。さらに，分けた部分にア～カの記号をつけよう。

同じ面積の部分は同じ記号と考えよう。例えば，A のアと同じ面積は他に３つあって，B のエと同じ面積は他に５つあるね。

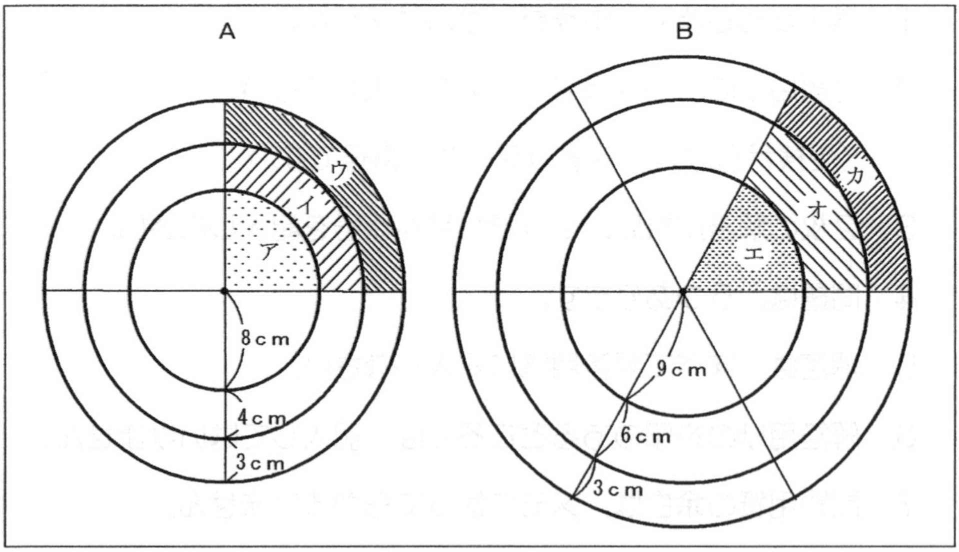

図１　ゲームで使う的

- １投目はAの的に投げる。２投目はBの的に投げる。
- １投目と２投目の面積の合計が大きい方が勝ち。

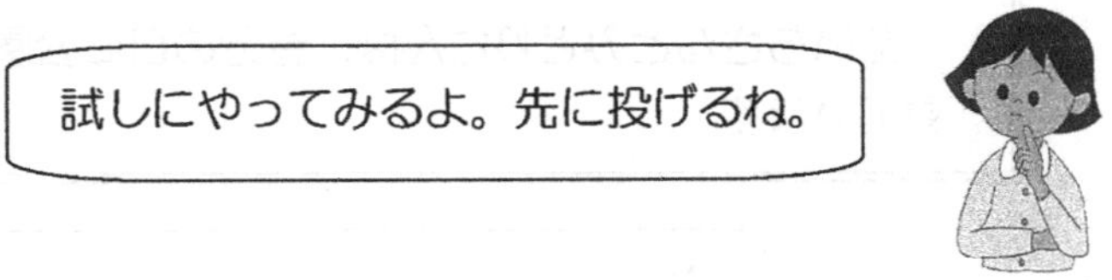

問題１　みどりさんは矢を投げ，イとカに当てました。だいちさんがみどりさんに勝つためには，ア～カのうちのどことどこに当てればよいか記号を選んで答えなさい。また，そのように考えた理由をことばや式を用いて説明しなさい。ただし，円周率は3.14とする。

だいちさんとみどりさんは，春分の日に公園で，太陽がのぼる様子を見ています。

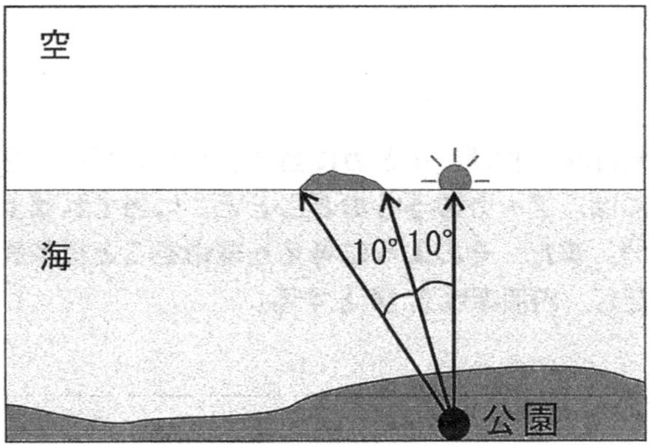

※　角度は強調して表現されています。

図１　公園と島，太陽の位置関係

向こうに島が見えるね。

太陽が，あの島からのぼるところを見たいね。

ところで，太陽がのぼる方位は１年中同じなのかな。

太陽がのぼる方位が示してあるグラフを見つけたよ。春分の日には，太陽は真東からのぼるんだね。

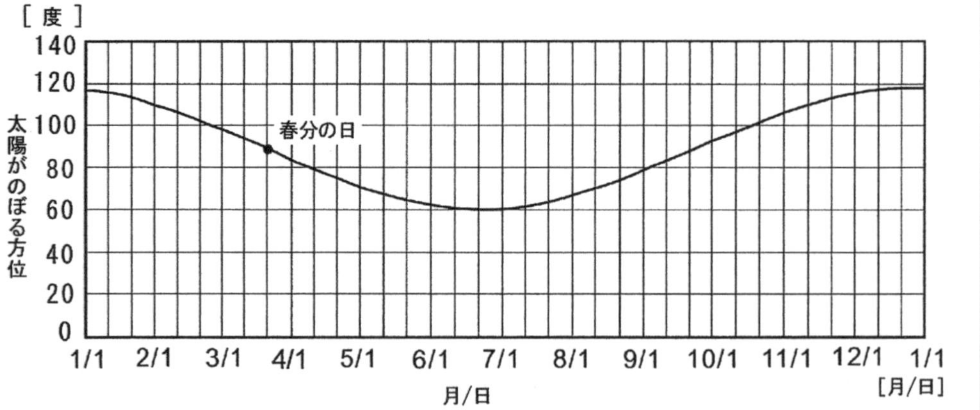

※　太陽がのぼる方位は，真北を0°とし，時計の針が回る向きに360°で測った角度で示しています。

図２　ある年の太陽がのぼる方位

グラフとカレンダーを使うと，次にいつこの公園に来たら，島からのぼる太陽が見られるか分かるね。

1月

日	月	火	水	木	金	土
1	2	3	4	5	6	7
8	9	10	11	12	13	14
15	16	17	18	19	20	21
22	23	24	25	26	27	28
29	30	31				

2月

日	月	火	水	木	金	土
			1	2	3	4
5	6	7	8	9	10	11
12	13	14	15	16	17	18
19	20	21	22	23	24	25
26	27	28				

3月

日	月	火	水	木	金	土
			1	2	3	4
5	6	7	8	9	10	11
12	13	14	15	16	17	18
19	20	21	22	23	24	25
26	27	28	29	30	31	

4月

日	月	火	水	木	金	土
						1
2	3	4	5	6	7	8
9	10	11	12	13	14	15
16	17	18	19	20	21	22
23	24	25	26	27	28	29
30						

5月

日	月	火	水	木	金	土
	1	2	3	4	5	6
7	8	9	10	11	12	13
14	15	16	17	18	19	20
21	22	23	24	25	26	27
28	29	30	31			

6月

日	月	火	水	木	金	土
				1	2	3
4	5	6	7	8	9	10
11	12	13	14	15	16	17
18	19	20	21	22	23	24
25	26	27	28	29	30	

7月

日	月	火	水	木	金	土
						1
2	3	4	5	6	7	8
9	10	11	12	13	14	15
16	17	18	19	20	21	22
23	24	25	26	27	28	29
30	31					

8月

日	月	火	水	木	金	土
		1	2	3	4	5
6	7	8	9	10	11	12
13	14	15	16	17	18	19
20	21	22	23	24	25	26
27	28	29	30	31		

9月

日	月	火	水	木	金	土
					1	2
3	4	5	6	7	8	9
10	11	12	13	14	15	16
17	18	19	20	21	22	23
24	25	26	27	28	29	30

10月

日	月	火	水	木	金	土
1	2	3	4	5	6	7
8	9	10	11	12	13	14
15	16	17	18	19	20	21
22	23	24	25	26	27	28
29	30	31				

11月

日	月	火	水	木	金	土
			1	2	3	4
5	6	7	8	9	10	11
12	13	14	15	16	17	18
19	20	21	22	23	24	25
26	27	28	29	30		

12月

日	月	火	水	木	金	土
					1	2
3	4	5	6	7	8	9
10	11	12	13	14	15	16
17	18	19	20	21	22	23
24	25	26	27	28	29	30
31						

表１　ある年のカレンダー

問題２　　日曜日に，この公園で島からのぼる太陽を見るとしたら，あなたは何月何日に公園に行きますか。また，そのように考えた理由を説明しなさい。

だいちさんとみどりさんは，広島県の稲《いね》について調べています。

稲には，いろいろな品種があるよね。広島県では，どのような品種が作られているんだろう。

農林水産省の統計を使って，図にまとめたよ。

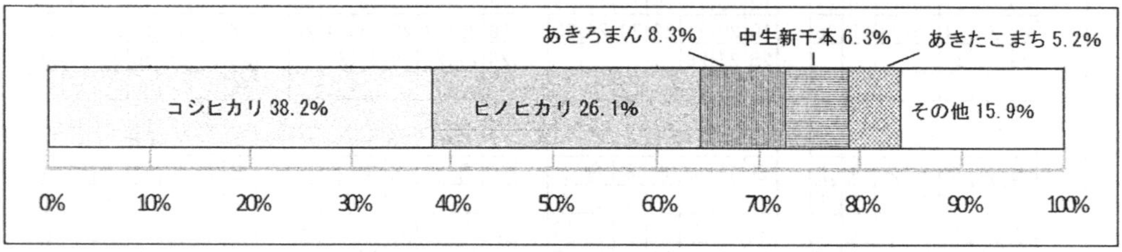

図１　広島県の稲の品種別作付面積の割合（2008 年度）

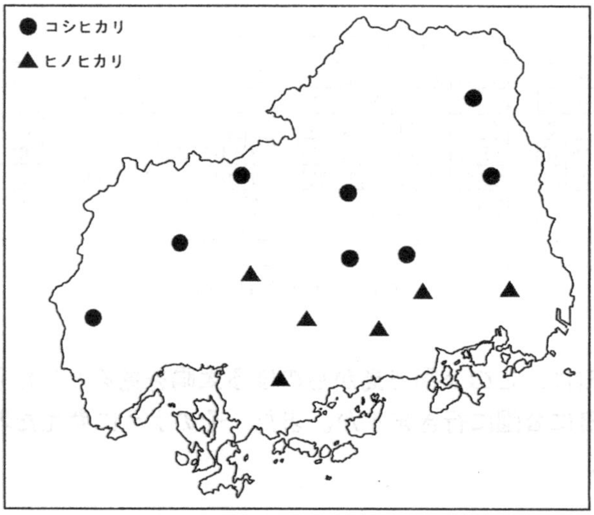

図２　コシヒカリとヒノヒカリがさいばいされている主な地域

コシヒカリとヒノヒカリの２品種の作付面積は，全体の約 65%をしめているね。

コシヒカリやヒノヒカリが作られている地域にかたよりがあるね。

②

二〇二〇年度（令和二年度）

福山市立福山中学校入学者選抜《せんばつ》

適性検査

検査２問題

（時間　四十五分）

【注意事項《じこう》】

1　指示があるまで、中を見てはいけません。

2　問題用紙に、受検番号と名前を記入しなさい。

（受検番号は入学者選抜受検票の番号です。）

3　二枚の解答用紙に、それぞれ受検番号を記入しなさい。

4　問題は、二つあります。

5　解答は、すべて解答用紙に記入しなさい。

6　解答用紙の※印のあるところには、記入してはいけません。

7　問題用紙の余白は、メモに使ってもかまいません。

受検番号
第　　　番

名前

次の文章を読んで、後の問いに答えなさい。

（ヤマザキマリ　「国境のない生き方　私をつくった本と旅」による。）

（注）

ダメージ・ポイント…心がいたむ原因

ボキャブラリー…ある範囲《はんい》のことばの集まり

カテゴリー…まとまり・グループ

～上等…～も望むところだ

体裁…他人の目に映る自分の姿

腑に落ちる…なるほどと思える

問い１　この文章から読みとったことをもとに、あなたにとっての「いい経験」と、それを通して考えたことを、四〇〇字以内で書きなさい。

2※

問題３

3※

⑤先手	~~1~~ ~~2~~ ~~3~~ 4 5 ~~6~~ 7 8 9 10	
⑥後手	~~1~~ ~~2~~ ~~3~~ 4 5 ~~6~~ 7 8 9 10	

4※

問題5

輪ゴムの種類		輪ゴムののびの長さ	
[説明]			

5※

検査2　解答用紙

受検番号
第　　番

問い1

100

※

※80点満点
（配点非公表）

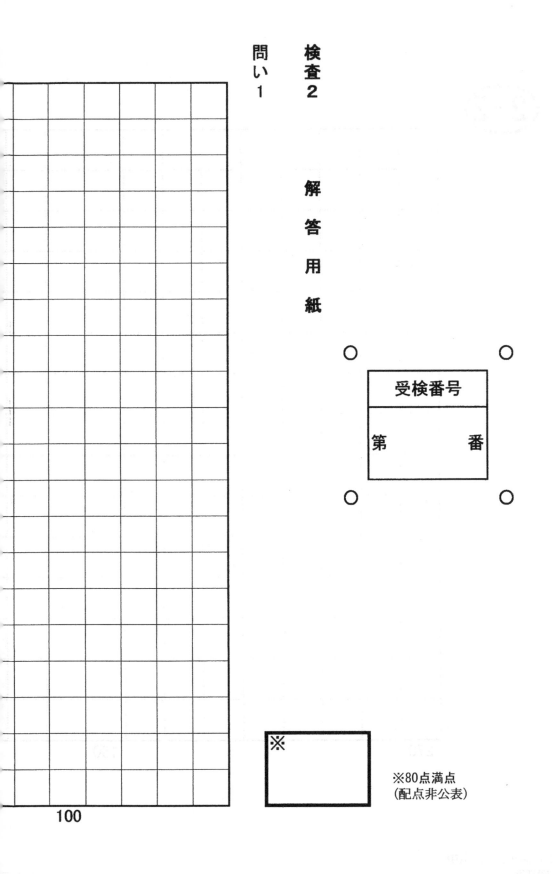

(2-2)

270

150

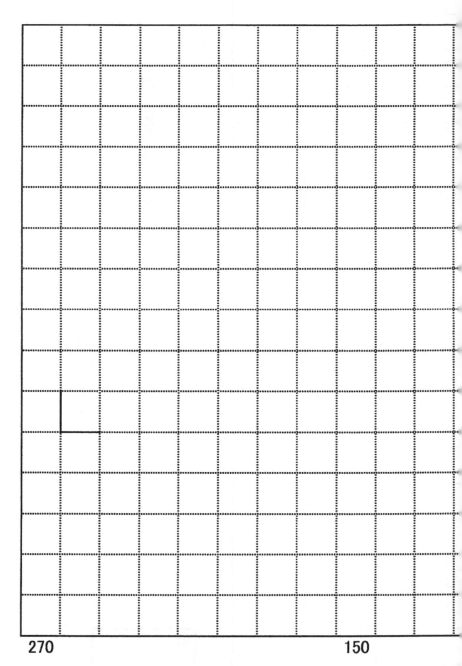

検査2　解答用紙

受検番号

第　　　番

問い2

※

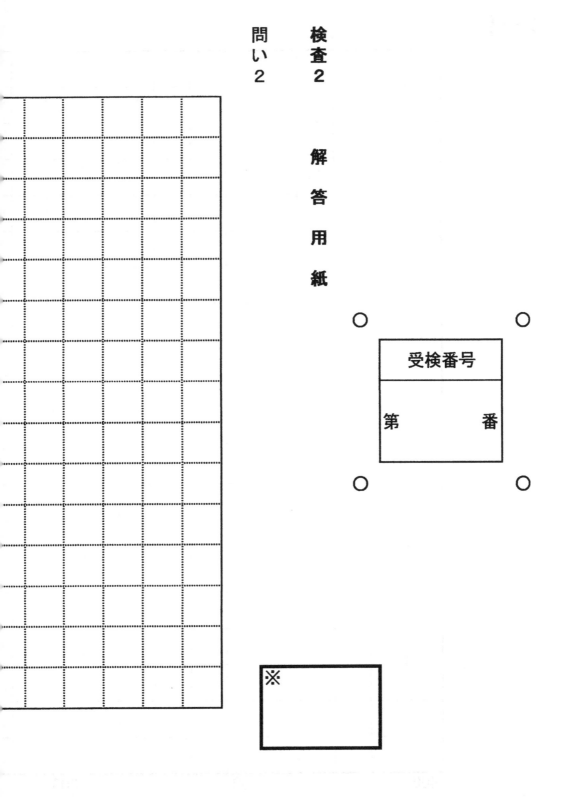

2-1

400　300　200

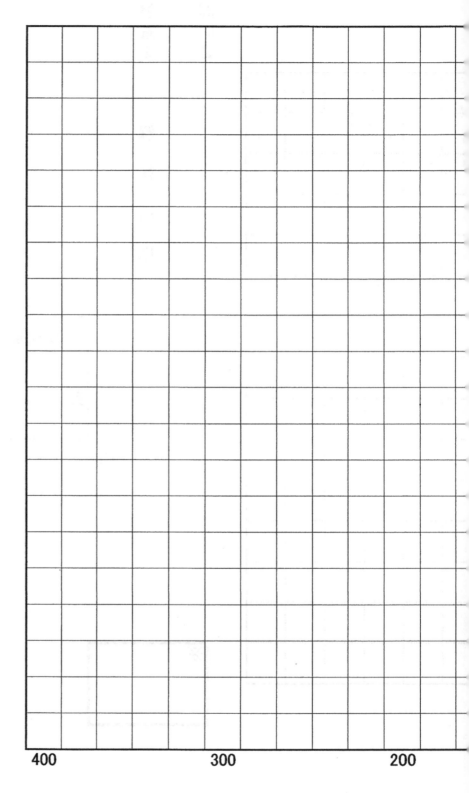

受検番号	第　　　　番

※

検査１　解答用紙

問題４

順		説　明
①先手	~~1~~ ~~2~~ ~~3~~ 4 5 ~~6~~ 7 8 9 10	
②後手	~~1~~ ~~2~~ ~~3~~ 4 5 ~~6~~ 7 8 9 10	
③先手	~~1~~ ~~2~~ ~~3~~ 4 5 ~~6~~ 7 8 9 10	
④	~~1~~ ~~2~~ ~~3~~ 4 5	

受検番号	第　　　　番

※

検査１　解答用紙

※120点満点
（配点非公表）

問題１

記号	と

［説明］

1※

【解答】

問題２

公園に行く日	月　日

次の会話文を読んで、後の問いに答えなさい。

だいちさん　よし。ぼくは福山中学校に入学したら、将来、社会を支えられるように、いろいろな学習をがんばるぞ。ぼくは、将来、ＡＩ(人工知能)を作るような仕事につきたいと思っているんだ。

いちかさん　そうね、私もがんばるわ。そういえば、現代では、そのＡＩの発達がとてもすごいために、今ある仕事のうち、約半分があと二〇年くらいでなくなるという研究結果も発表されているね。

だいちさん　そうなんだ。ぼくが聞いた話だと、例えば、スーパーやコンビニエンスストア等では、商品を無人で販《はん》売できるようになったり、車の運転が自動になり、荷物の配達なんかも無人でできたりするみたいだ。

いちかさん　他にも、今は人間が予測を立てて商品を注文し、棚《たな》に並べているけれど、これからはＡＩが過去の大量のデータ（情報）から自動で注文し、無人で棚へ並べられるようになるみたいね。

だいちさん　そう考えると、かなりの仕事は、人間の代わりにＡＩがすることになるな。

いちかさん　でもね。調べてみるとどんなにＡＩが発達しても、やはり人間にしかすることが難しい仕事もあるみたい。表１はインターネットで見つけた「ＡＩが発達した二〇年後でも残ると予想される職業の例」なんだって。

表１　ＡＩが発達した二〇年後でも残ると予想される職業の例

・保育士　・小説家　・心理カウンセラー　・テレビカメラマン
・映画監督《かんとく》　・看護《かんご》師　・ミュージシャン　・インテリアデザイナー
・警察《けいさつ》官　・美容師　・小中学校の先生　・ゲームクリエーター
・マンガ家　・医師　・消防署《しょ》通信指令室係員

だいちさん　なるほど。なるほど。

いちかさん　さらにＡＩの発達で、これから先、今は考えもしないような、新しい職業も増えていくみたいよ。

だいちさん　そんな未来に向けて、ぼくたちは福山中学校に入学したら、どんな力を身につけていけばいいのかな？

問い２　だいちさんの――の問いかけに対して、表１にあるいくつかの職業の共通点をもとに、あなたの考えを二五〇字程度で書きなさい。

【通

稲の品種によって，どんなとくちょうがあるのか，
いろいろな資料を使って考えてみようよ。

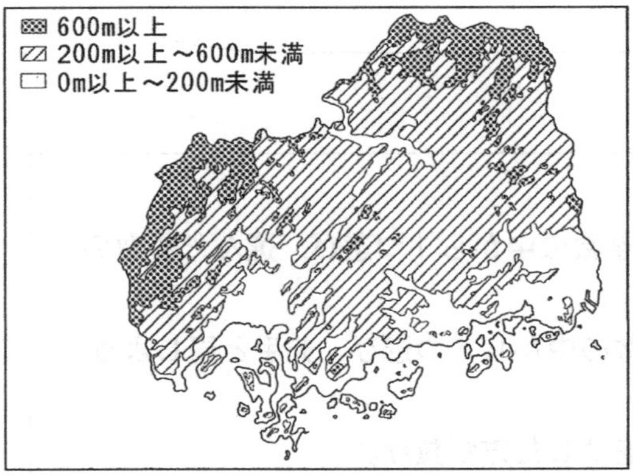

図３　広島県の陸の高さ

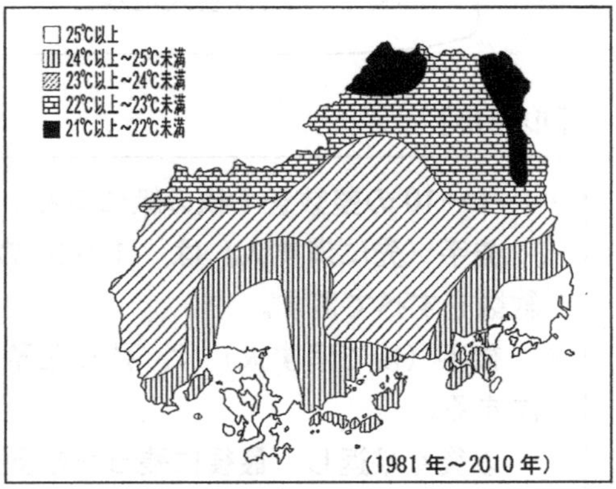

図４　広島県の夏（６月～８月）の１日の平均気温

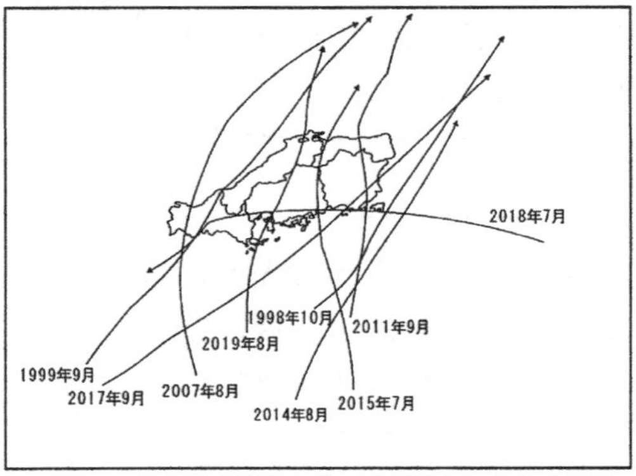

図５　広島県を通過あるいは接近した台風の進路

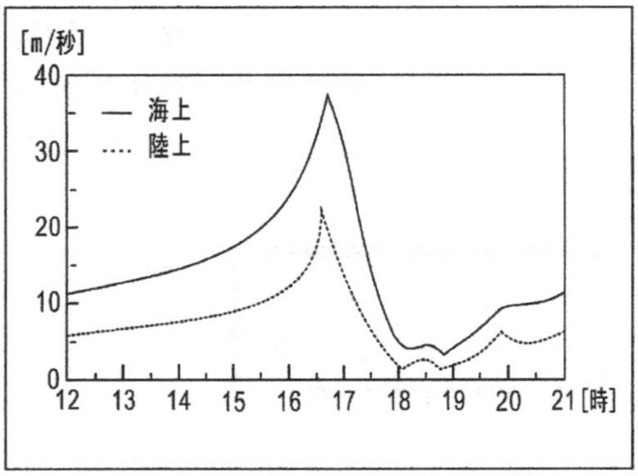

図６　ある台風の海上と陸上の風速

問題３　　**図２～図６の中から必要な情報を使って，コシヒカリとヒノヒカリには，それぞれどのようなとくちょうがあると考えられるか説明しなさい。**

だいちさんとみどりさんは，整数のゲームについて話しています。

次のルールで，２人がこうごに１～10の整数を消していくゲームを考えたよ。

【ルール】

- １～10の整数を１枚の紙に書く。
- 先手（先に消す人）は，１～10の整数の中から１つ選び，選んだ整数の約数をすべて消す。
- 後手（後で消す人）は，残った整数の中から１つ選び，先手と同じようにする。
- 以後くり返し，最後に残った整数を消した方が負け。

ルールは分かったわ。じゃんけんで先手と後手を決めてやってみよう。じゃんけん，ぽん！

~~1~~	~~2~~	~~3~~	4	5
~~6~~	7	8	9	10

勝ったので，ぼくが先手だよ。６を選んで消したよ。残りの６の約数１，２，３も消えたね。

~~1~~	~~2~~	~~3~~	~~4~~	5
~~6~~	7	8	9	10

じゃあ私は，４を選んで消したよ。残りの４の約数１，２はもう消してあるね。

~~1~~	~~2~~	~~3~~	~~4~~	~~5~~
~~6~~	7	8	9	~~10~~

では，10を選んで，10の約数のうち残っている５，10を消したよ。

残った整数は７，８，９ね。７，８，９を，１つずつ，こうごに消していくと私の負けね。

最初に先手が6を消すと，後手が残っている数のどれを消しても，先手が必ず勝てる方法があるんだよ。

その方法を知りたいわ。後手が4以外を消した場合についてもやってみよう。

問題4　**最初に先手が6と残りの約数を消しました。次に後手が5，7，8，9，10のうち，1つの数を選ぶ場合，先手はどのような順で選べば必ず勝つことができますか。1つの例を図を用いて示しなさい。また，そのように考えた理由を説明しなさい。**

だいちさんとみどりさんは，輪ゴムののびを利用して動く車（ゴムカー）を使って，遊んでいます。

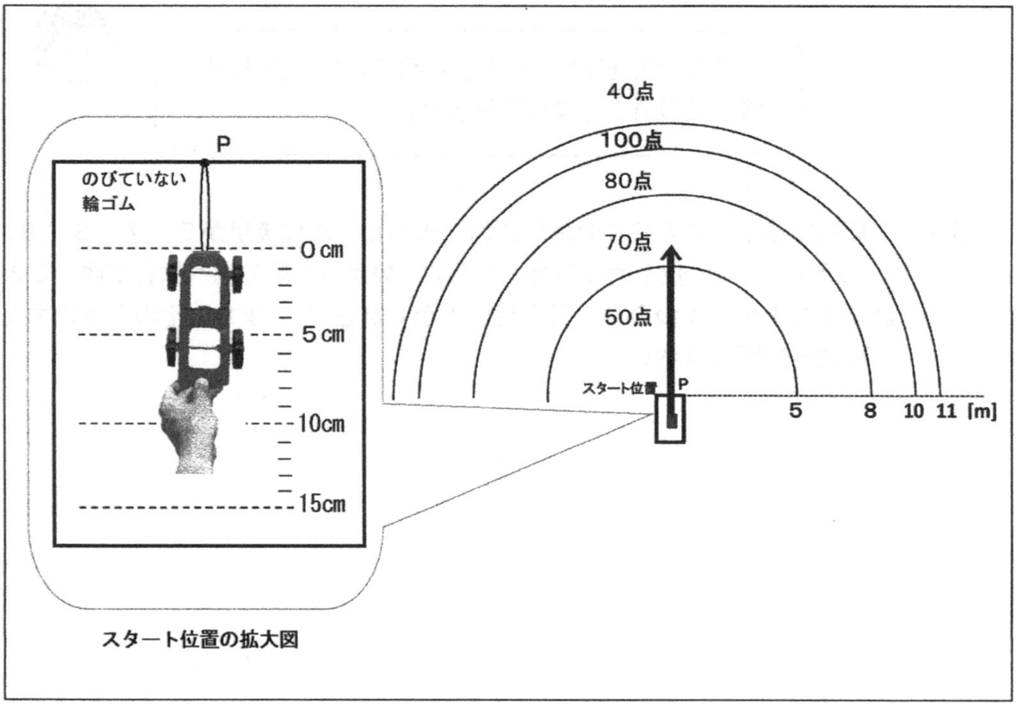

図１　ゴムカーと止まった場所の点数

輪ゴムののびを調節してゴムカーを動かすよ。ゴムカーの一番前が止まった場所によって点数が入るようにしよう。３回やって合計点が高い方を勝ちにしようね。

授業で実験した，輪ゴムA～Cを使おう。授業では5cmまでのばしたね。実際は，どの輪ゴムも15cmまでのびるよ。

どの輪ゴムも，のびていないときの長さは同じで，太さはちがっていたね。

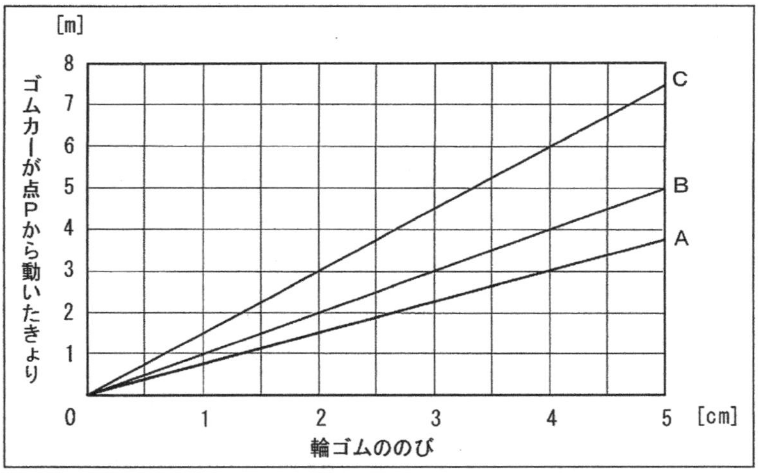

図2　輪ゴムA～CののびとゴムカーがP点から動いたきょり

使う輪ゴムは毎回選ぶことにして，始めよう。

２回目までの点数表を作ってみたよ。

	1回目	2回目	3回目
だいちさん	40点	80点	
みどりさん	50点	40点	

表1　点数表

次は，ぼくの番だね。絶対にみどりさんに勝ちたいな。

問題５　　**だいちさんがみどりさんに勝つには，だいちさんは，A～Cのどの輪ゴムを何 cm のばしてゴムカーを動かすとよいですか。また，そのように考えた理由を説明しなさい。**

①

2019年度（平成31年度）

福山市立福山中学校入学者選抜《せんばつ》

適　性　検　査

検査1　問題

（ 時間 45分 ）

【注意事項《じこう》】

1　指示があるまで，中を見てはいけません。

2　問題用紙に，受検番号と名前を記入しなさい。

（受検番号は入学者選抜受検票の番号です。）

3　2枚の解答用紙に，それぞれ受検番号を記入しなさい。

4　問題は，7つあります。

5　解答は，すべて解答用紙に記入しなさい。

6　解答用紙の※印のあるところには，記入してはいけません。

7　問題用紙の余白は，メモに使ってもかまいません。

受検番号	第　　　　番	名　前	

だいちさんとみどりさんが，算数ゲームの話をしています。

ぼくが作ったカードを使って，ぼくとお兄さんとお姉さんの３人で算数ゲームをしたよ。

どんなゲームなの。

箱Ａには，数を書いたカードを６枚，箱Ｂには，式を書いたカードを６枚入れるんだよ。

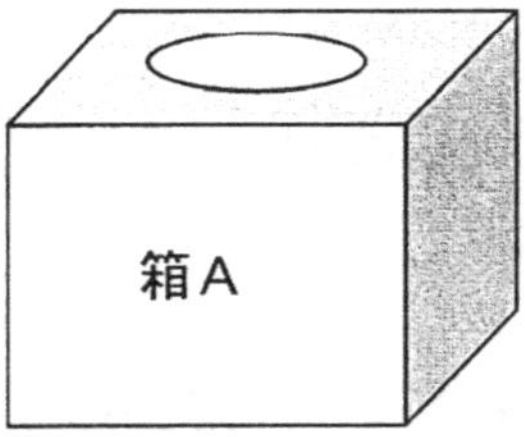

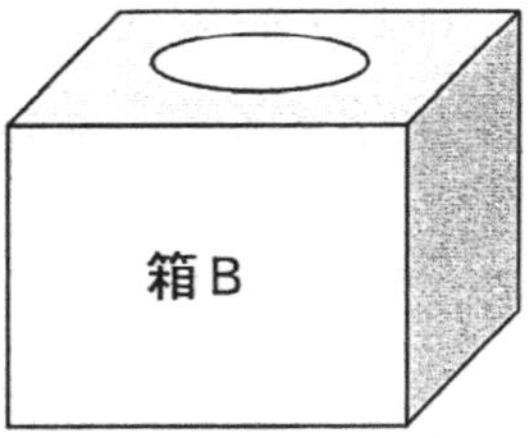

箱Ａに入れる６枚のカード

4	5	0.3
$\frac{2}{27}$	4.7	$\frac{11}{3}$

箱Ｂに入れる６枚のカード

□＋10	5×□
30－□	1÷□
$\frac{5}{2}$×□	□×□ ※同じ数を２回かける。

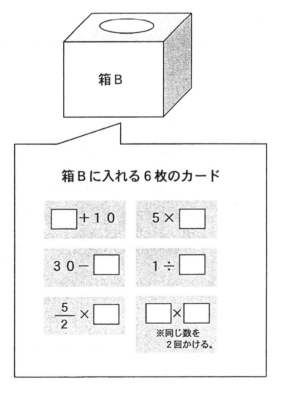

ルールは次の通りだよ。

【算数ゲームのルール】

・１番目の人が，①～④の順に行う。
　①　箱Ａから，カードを１枚取り出す。
　②　箱Ｂから，カードを１枚取り出す。
　③　①で取り出したカードに書いてある数を，②で取り出したカードの式の □ に当てはめ，計算して答えを求める。
　④　取り出したカードをそれぞれ元の箱にもどす。

・２番目，３番目の人が，①～④の順に行う。
・ゲームをした人の中で，計算した答えの大きい人が勝ち。

おもしろそうね。ゲームはだれが勝ったの。

お姉さんが勝ったよ。ぼくは，お姉さんに負けて，お兄さんには勝ったよ。計算した答えは，お姉さんが１４で，お兄さんが１０.３だったよ。

問題１　**だいちさんは，箱Ａ，箱Ｂの中からそれぞれどのカードを取り出したか，３通り答えなさい。**

だいちさんとみどりさんは，自分たちが住んでいるさくら市の近くを通り過ぎた台風について話をしています。

先日の台風について，こんな観測記録を見つけたよ。これを使って，台風の進路を調べることはできないかな。

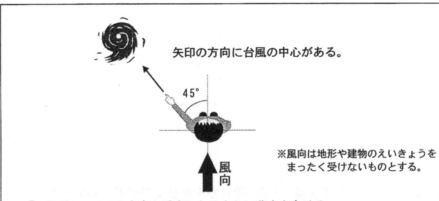

観測時刻〔時〕	0	6	12	18
風　向				
平均風速〔m（秒速）〕	5	15	23	15
雨　量〔mm〕	50	60	50	45

※平均風速は10分間の風速を平均したものである。

※風向と平均風速の記録はすべて台風によるものとする。

資料１　さくら市の近くを通り過ぎた台風の観測記録

図書室の本に，台風の中心のある方位を知る方法がのっていたよ。

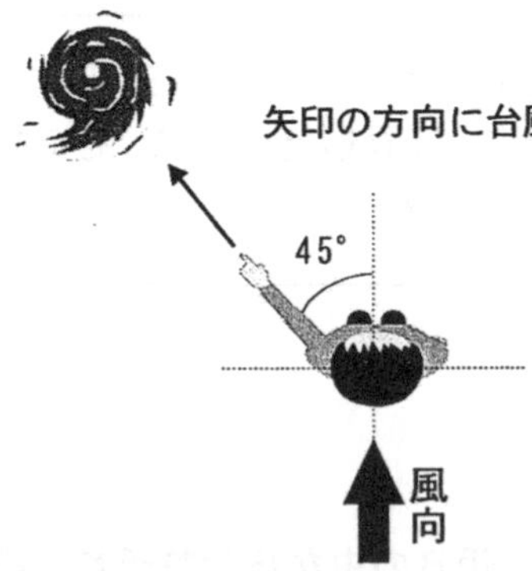

矢印の方向に台風の中心がある。

※風向は地形や建物のえいきょうをまったく受けないものとする。

① 風がふいてくる方向と垂直になるように背中を向ける。

② 左手をななめ前45°にのばす。

▼

左手が指し示す方向に台風の中心がある。

資料２　台風の中心のある方位を知る方法

その方法を使って，先日，さくら市の近くを通り過ぎた台風の進路を調べてみようよ。

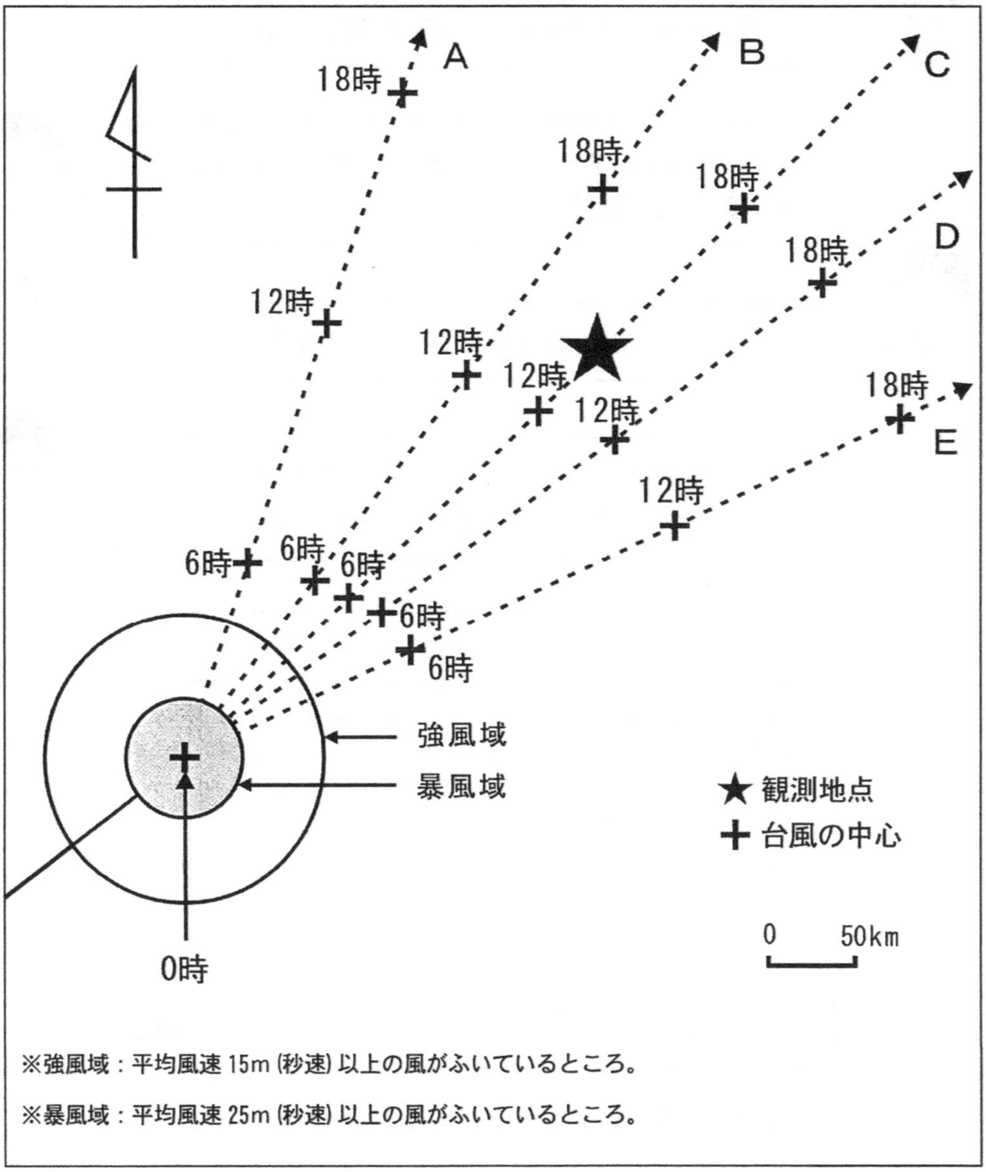

資料３　さくら市の近くを通り過ぎた台風の中心位置と時刻

問題２　　**資料をもとに，台風が通ったと考えられる進路をＡ～Ｅから１つ選びなさい。また，その進路を選んだ理由を説明しなさい。**

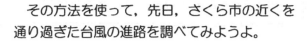

だいちさんとみどりさんは，水道水について話をしています。

先週，水道水が使えなくなって大変だったよ。

みんなの家では，ふだん，どのくらい水道水を使っているのかな。

さくら市の水道水使用量について，調べてみよう。

水道水使用量の変化がわかる資料があったよ。どうしてこんなに減ってきているのかな。

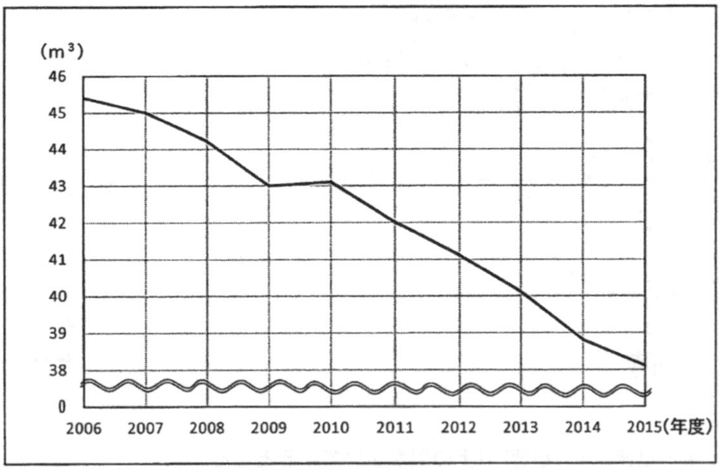

資料１　１つの家庭が２か月間に使う水道水使用量の変化

ぼくは，水道水についてのアンケート結果を見つけたよ。これを使って理由を考えてみよう。

②

二〇一九年度（平成三十一年度）

福山市立福山中学校入学者選抜《せんばつ》

適性検査

検査２問題

（時間　四十五分）

【注意事項《じこう》】

1　指示があるまで、中を見てはいけません。

2　問題用紙に、受検番号と名前を記入しなさい。

（受検番号は入学者選抜受検票の番号です。）

3　二枚の解答用紙に、それぞれ受検番号を記入しなさい。

4　問題は、二つあります。

5　解答は、すべて解答用紙に記入しなさい。

6　解答用紙の※印のあるところには、記入してはいけません。

7　問題用紙の余白は、メモに使ってもかまいません。

受検番号
第　　　番

名前

次の場面は、福山中学校の学校説明会に参加した、だいちさんといつきさんの会話です。

だいち　福山中学校の学校説明会、とっても楽しかったな。中学生になったら、ぼくも勉強がんばるぞ、という気持ちになったよ。

いつき　そういえば、そのとき気づいたんだけれど、けい示板にこんな言葉がはってあったんだ。

「ありがたい敵」を　たくさんつくろう！

だいち　ありがたい…敵ってどういう意味なのかな。さっぱり分からないや。

いつき　うん。それでね。ぼく、いろいろ調べてみたんだ。するとね、インターネットで、こんな文章を見つけたんだ。

（タル・ベン・シャハー　著　成瀬《なるせ》まゆみ　訳　「ハーバードの人生を変える授業」）

だいち　なるほどね。そういう意味だったんだね。そんな相手のことを「ありがたい敵」って言うんだ。

いつき　うん。そういうふうに自分自身をふりかえってみると、友人はもちろんだけれど、友人だけでなく、ぼくには今まで「ありがたい敵」がたくさんいたことに気づいたよ。

だいち　よし、ぼくも中学校に入学したら、周りに「ありがたい敵」をたくさんつくりたいし、逆に、周りの人にとっての「ありがたい敵」になってみせるぞ。

（注）　支持…賛成して、それを応えんすること　心配り…さまざまなことに気をつかうこと
異議を唱える…反対の意見を言う　呈する…あらわす　異論…異なる意見

問題１　この文章から読みとったことをもとに、あなたがこれまでの生活の中で出会った「ありがたい敵」の具体例をあげながら、あなたが考える中学校入学後の学校生活について、四〇〇字以内で書きなさい。

問題3

[説明]

あるとよい資料	

3※

問題4

	出発地点	1	2	3	4	5	6	とう着地点
2組								
4組								

4※

問題5

考　え　方	

[説明]

5※

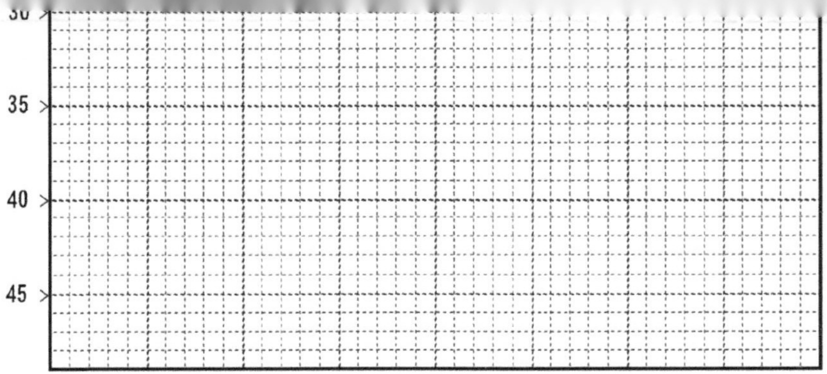

6※

問題 7

考えられる３けたの数	

[説明]

7※

検査２　解答用紙

受検番号

第　　　番

問題１

※

※80点満点
（配点非公表）

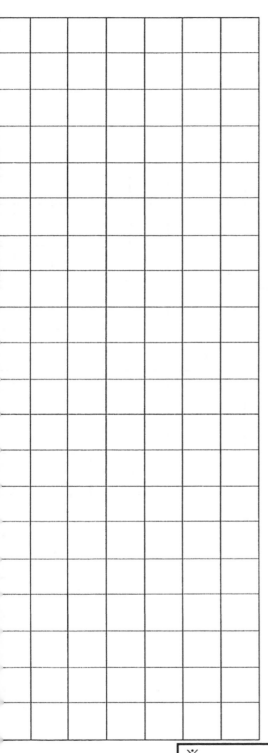

2-2

200

100

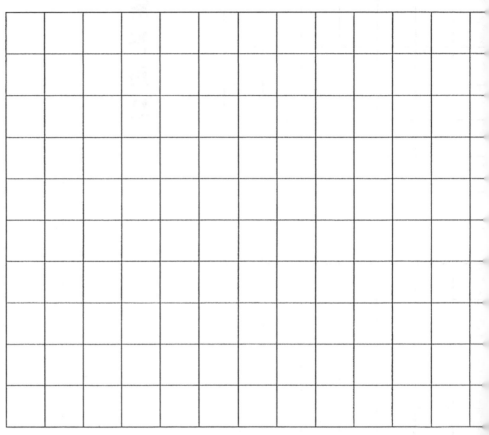

検査２　解答用紙

受検番号
第　　　　番

問題２

※

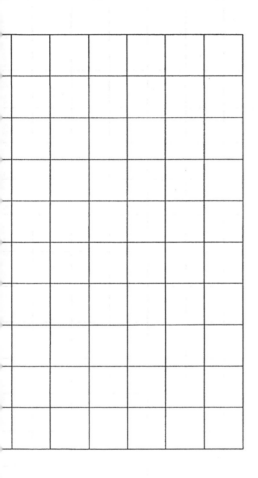

2-1

400

200

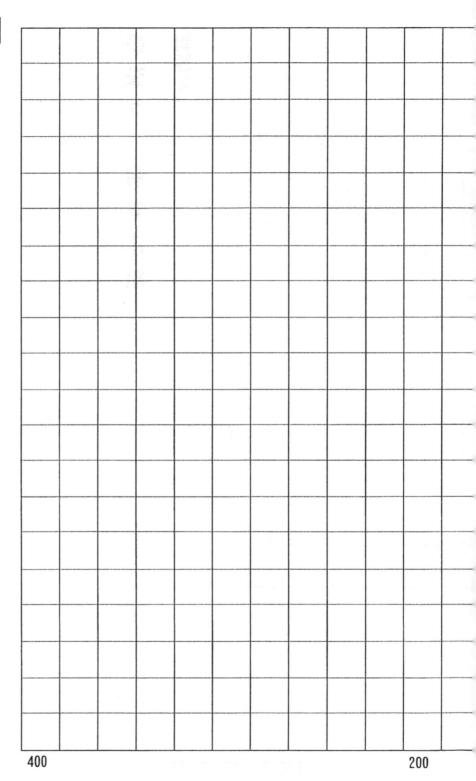

1-2

受検番号	第　　　　番

※

検査１　解答用紙

問題６

ことわざ辞典　　　　冊	国語辞典　　　冊

１マスを１ｃｍとする。●，○，▲，△いずれかの記号を入れること。

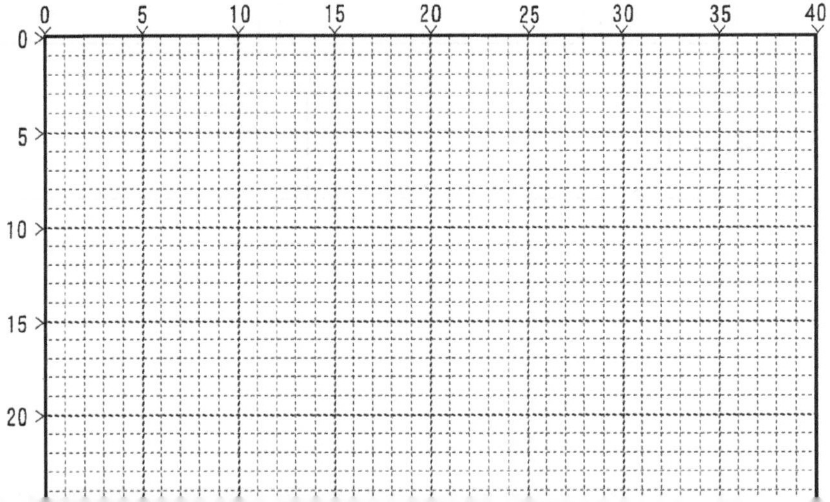

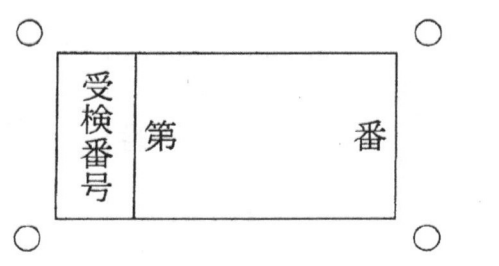

受検番号	第　　　　番

※

※120点満点
（配点非公表）

検査1　解答用紙

問題1

箱Aから取り出したカード			
箱Bから取り出したカード			

1※

問題2

台風が通ったと考えられる進路	

［説明］

【解答

だいちさんの小学校では、環境委員会を中心に校内でエコ行動を進めています。資料1のポスターをけい示して全校児童に呼びかけ、取組状きょうを資料2にまとめています。

エコ行動をして地球を救おう！

【行動1】
だれも教室を使わないときは電気を消す。

【行動2】
休み時間・給食中は教室の電気を半分消す。

【行動3】
手を洗うとき水を出しっぱなしにしない。

電気や水が届くまでに，たくさんの燃料が使われるので二酸化炭素が出ます。二酸化炭素は地球温暖化の原因の一つです。ひとりひとりの心がけで，二酸化炭素を減らし，地球を救いましょう。

資料1　呼びかけ用ポスター

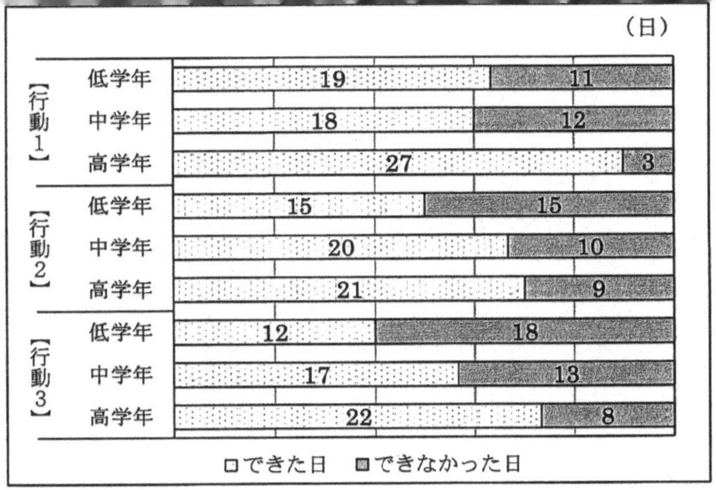

資料2　エコ行動の取組状きょう（30日分）

環境委員会では、資料3も参考にして、エコ行動をさらに活発にするための取組を提案することになりました。

エコ行動	エコ数値（g）
リサイクルできるようにゴミを分別する。	59
だれも教室を使わないときは電気を消す。	25
食事を残さず食べる。	22
手を洗うとき水を出しっぱなしにしない。	12
休み時間・給食中は教室の電気を半分消す。	10
冷蔵庫のとびらを開ける時間を短くする。	8
使い終わった紙の裏をメモ用紙として使う。	6

※エコ数値…1人が1日に減らすことのできる二酸化炭素の量

資料3　エコ行動別のエコ数値

問題2　あなたならどのような取組を提案しますか。その取組内容と理由について、資料1・2・3と関連付けて二〇〇字以内で具体的に書きなさい。

2019(H31) 福山市立福山中
教英出版

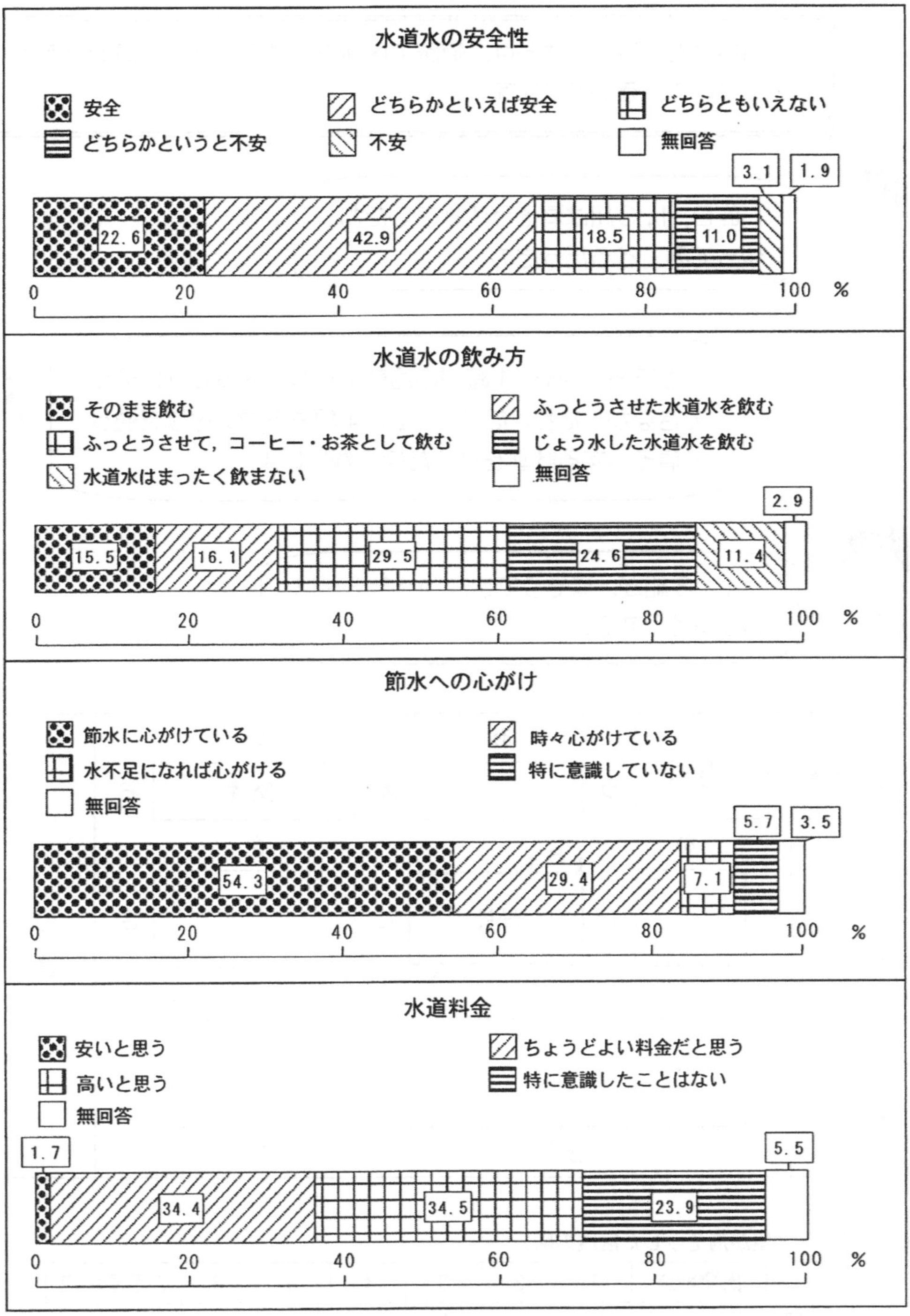

資料２　水道水についてのアンケート結果（２０１２年）

問題３　水道水使用量がなぜ減ってきているのか，資料２のアンケート結果を２つ以上使って説明しなさい。また，その説明に説得力をもたせるために，資料１，資料２のほかにどんな内容の資料があるとよいか説明しなさい。

だいちさんとみどりさんは，道路の区域を決めて，学年で清そうする活動について話をしています。

昨日，1，3組は清そう活動をしたね。やってみてどうだったの。

どちらの組も，1時間の活動で6つの区域しか清そうできなかったわ。だから，2，4組も6つの区域を通って清そうする計画を立てたほうがいいよ。

1，3組が，清そうできなかった区域は必ず清そうするよ。

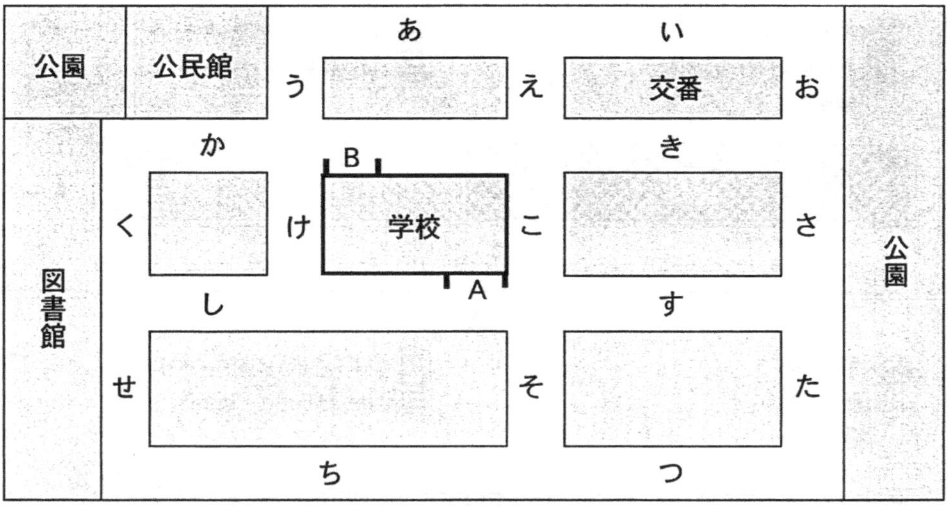

【1，3組が清そうした区域の順】

	出発地点	1	2	3	4	5	6	とう着地点
1組	A	け	う	あ	い	お	き	B
3組	A	す	た	つ	ち	せ	し	A

問題4　**2，4組の清そうする区域の順を答えなさい。ただし，学校の出発，とう着地点は，A，Bどちらでもよい。**

道路で拾ったごみを種類別に分けてみたよ。どうしたらごみを減らすことができるかな。

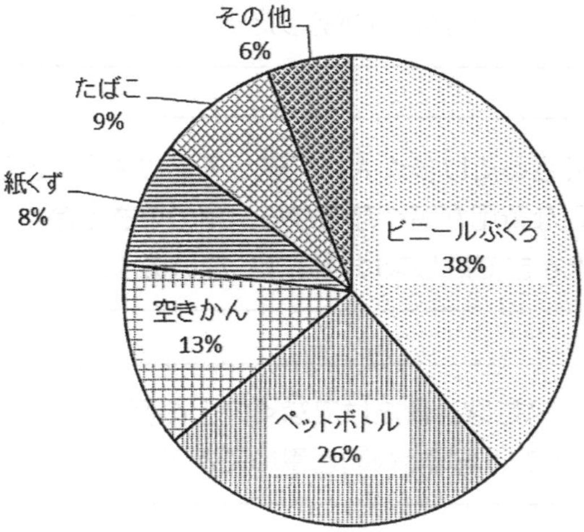

資料１　道路のごみの種類別の割合

総合的な学習の時間に取り組んだ「ごみの３Ｒ《スリーアール》」の考え方を活用してごみを減らしたいね。

	考え方	内容
①	リデュース	ごみを減らすこと
②	リユース	ごみにしないで，くりかえし使うこと
③	リサイクル	いらなくなったものを再生して利用すること

資料２　ごみの３Ｒ

問題５　**道路のごみを減らすために，資料２のどの考え方を活用するか①～③から１つ選びなさい。また，選んだ考え方を使って，どのようにごみを減らすのか，具体的な例をあげて説明しなさい。**

だいちさんとみどりさんは，交流している海外の学校に辞典を送る話をしています。

ことわざ辞典を３～５冊，国語辞典をできるだけ多く送ってほしいというお願いがあったそうだよ。

箱にできるだけ多く入れて送ってあげよう。送るのに必要な費用が高くなるから，箱の重さと合わせて２５ｋｇまでにしなければならないのよ。

辞典のケースには，背だけでなく，上の面にも「ことわざ辞典」,「国語辞典」と書いてあるんだね。

箱を開けたとき，辞典のケースの文字が上から見えて，それぞれの辞典を何冊入れたか，数えられるように，積み重ねないで入れるといいね。

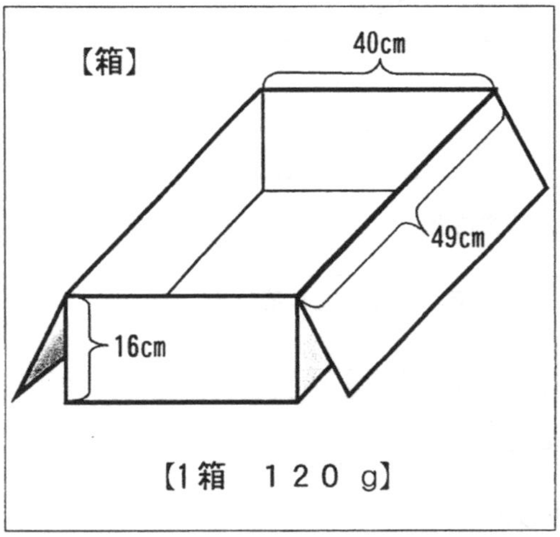

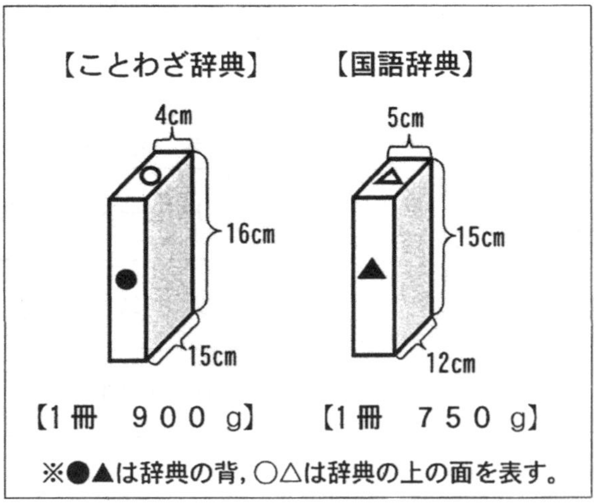

問題６　２５kg をこえないように，箱にできるだけ多くの辞典を入れて送るとすると，ことわざ辞典と国語辞典はそれぞれ何冊入れることができるか答えなさい。また，箱を上から見たときの辞典の入れ方を，●，○，▲，△，いずれかの記号を使って図で表しなさい。

だいちさんとみどりさんは，デジタル数字について話をしています。

身のまわりでは，車の走ったきょりの表示，時刻の表示，エレベーターの階の表示など，デジタル数字をよく見かけるね。

車の走ったきょりの表示

時刻の表示

エレベーターの階の表示

デジタル数字は，図１のように，（縦横の棒）を組み合わせて，０から９までの数字を表示するのよ。

図１

例えば，デジタル数字の１２は，図２のように，縦に４本，横に３本の棒を組み合わせて表示するんだね。

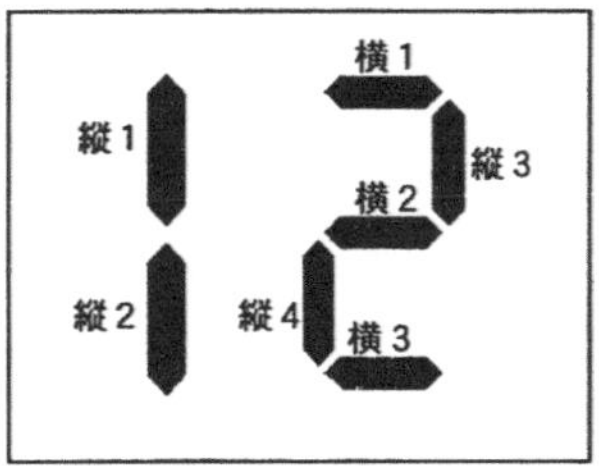

図２

そうね。デジタル数字を使った数あてクイズができそうだわ。ひとつ作ってみようかな。

クイズ：　縦に９本，横に３本の棒を組み合わせて３けたの数をつくりました。
この３けたの数は何でしょう。

問題７　　**考えられる３けたの数をすべて答えなさい。また，どのように考えたか説明しなさい。**

2019(H31) 福山市立福山中
K 教英出版